特権と不安

特権と不安

PRIVILEGE AND ANXIETY

グローバル資本主義と韓国の中間階層

ハーゲン・クー
HAGEN KOO

松井理恵 編訳

岩波書店

PRIVILEGE AND ANXIETY
The Korean Middle Class in the Global Era

by Hagen Koo

Originally published by Cornell University Press.

This Japanese edition published 2023 by Iwanami Shoten, Publishers, Tokyo
by arrangement with Cornell University Press, Ithaca
through Japan UNI Agency, Inc., Tokyo.

This version of the book has been modified by the author.

日本の読者のための序文

私の本が日本語に翻訳されて岩波書店から出版される運びとなり、大変うれしく思う。

本書は21世紀の韓国中産層(中間階層)が急速に展開されるグローバル化(globalization)の中で、いかなる変化を経験しているのかを分析している。韓国はこの20年余りの間、極めて速いテンポでグローバル化を経験した。それにともなった経済的・社会的な変化も大きかった。この変化は他のさまざまな先進国でもみられる現象である。本書が注目する経済的な分極化と中間階層の内部分裂、そして富裕中産層が主導する消費を通じた地位競争、居住地の階層別分化、そして私教育を通じた熾烈な教育競争等は、米国をはじめとした多くの国でも看取されている。日本は韓国よりグローバル化の速度が遅く、伝統的な文化を守ろうとする傾向が強いので、グローバル化の余波がそこまで速く達していないかもしれないが、それでも変化の方向は似通っているのではないかと考えられる。ともすれば、韓国の経験が日本にとってよい鏡ともなりうるだろう。本書を読みながら、日本の読者がグローバル資本主義の強大な影響の中で日本の経済と社会はいかなる変化をしており、またいかなる変化をしていくべきなのか、何度も振り返り、よく考えて理解する機会になればと思う。

同時に、本書が単純に韓国の中間階層に関する研究としてだけでなく、韓国社会の特性を深く描写した興味深い本として受け入れられることを願う。近年、日本では韓国に関する本が以前より増えているが、今日の韓国社会を社会学的な側面から幅広く分析する本は、いまだ多くないように思われる。今後、日本と韓国の関係はより親密になり、社会的・文化的交流もますます盛んになっていくだろう。したがって、両国の人びとが互いをよく理解する必要性はいっそう増すのである。ただ過去の歴史や政治的問題だけでなく、現在のグローバル化の中で変貌する韓国社会の真の姿はいかなるものであり、韓国人の願望と不安が日本人とはいかに異なるのかをよく理解することが重要だと考えられる。本書がそのような面において役立つことを願う。

最後に、私は本書をとても誠実に翻訳してくれた松井理恵先生と、同じく本書の出版元である岩波書店、そして編集者として私の本に積極的な関心を寄せ、出版をサポートしてくれた島村典行氏に感謝する。

目　次

序 論 中産層は消えるのか

現在、韓国でもっとも深刻な社会問題は日々深刻化する経済的・社会的不平等と、これと並行して進行する中産層の縮小と不安定だといえる。経済的な分極化の進行によって韓国社会は少数の富裕層と多数の低所得層に分かれ、その間を埋めていた中間層は次第にその規模が縮小し不安定な経済状況に置かれるようになった。過去にこの社会の主軸を成し、活気にあふれ希望に満ちた中産層は、次第に圧迫され、経済的にも社会的にも無気力で挫折した集団へと変貌しているのである。

このような変化は韓国だけで起きているのではない。21世紀のほとんどすべての先進資本主義国家で同じように起きている現象でもある。したがって、経済的な分極化と中産層の危機は、米国をはじめとする多くの先進国で主要な話題となっている。近年出版された中間階層に関する文献に共通して現れる表現は〈圧迫される中間階層(squeezed middle class)〉〈不安な中間階層(anxious middle class)〉、あるいは中間階層の〈危機〉〈没落〉〈消滅〉のような言葉である。もっとも代表的な著書として2019年に経済協力開発機構(OECD)研究チームが刊行した『危機に置かれて――圧迫される中間階層(*Under Pressure: The Squeezed Middle Class*)』という報告書がある。ここでは、OECD国家の中間階層を次のように診断した。

中間階層は一時期、一つの希望であった。幾世代にわたって中間階層は、未来が保障された安定的な職場を通じて快適な家に暮らし生きがいのあるライフスタイルを享受できる条件を確保していることを意味した。また中間階層は、家族が子どもたちに対してよりよい未来を期待できる基盤でもあった。しかしながら、いまや私たちが成し遂げた民主主義と経済成長の盤石がかつてのように安定的ではないというシグナルが感じられている。

多くのＯＥＣＤ国家において、中間層の所得は相対的にも絶対的にもほとんど増加しなかった。中間階層のライフスタイルに必須の要素、特に住居と高等教育の費用は所得より速いテンポで増えてきた。労働市場の変化が速く雇用の不安定性もまた増大してきた。今日の中間階層はいよいよ険しい波間を漂う一艘の船のように見える[1]。

このような中間階層の姿は、韓国でもほとんど同じように浮かび上がる現象である。むしろ韓国では、中間階層の不安定な状況が他の先進国よりさらに短期間のうちに、さらに速いテンポで進行してきた。韓国の中間階層は20世紀中盤以降になって本格的に形成されはじめ、１９６０年代から１９９０年代中盤までの高度経済成長が成し遂げられる期間に急激に成長した。１９６０年代初めでさえも国民の大部分が農村で農業を営んでいたが、１９８０年代中盤になると、ほとんど大部分が都市に移住して工業やサービス産業分野で働き、その多くがホワイトカラーの職業や自営業等に従事するようになった。したがって、農民・労働階層出身の多くの人びとが中間階層の地位に上昇することができ、子どもたちに高等教育を受けさせてよりよい未来を期待できるようになった。ソウルオリンピックが開催された1988年ごろになると、人口の70％に達する人びとがみずから中産層に属すると確信する程度まで中産層の規模は増えた。

しかし、このような刮目に値する発展の趨勢は、1997年にアジア通貨危機が勃発すると突如逆転しはじめた。韓国経済は国際通貨基金（ＩＭＦ）の厳格な管理体制に入り、大規模な企業破産や倒産、そして大量解雇が相次いだ。失業者が急激に増え、多くの管理労働者が早期退職を強要された。経済はマイナス成長を記録し、思いがけず職を失った人びとは再び職場へ戻る機会を失った。このような経済的な衝撃は生産労働者と事務・管理労働者のすべてに大きな犠牲を払うようにしむけたが、事務労働者たちがこのような大規模の打撃を受けたのは韓国の経済発展が始まって以来、初めてのことであった。この中の多くの人びとは自営業に参入したが、浅い経験と足りない資本、そして自営業者間の激化した競争のため、大部分の人びとが貴重な退職金まで使い果たす状況になった。こうした経済環境の変化は自然と中産層の危機をともなうことになったのである。

幸いなことに韓国経済は非常に速いテンポで回復して、わずか3年でＩＭＦ管理体制から抜け出すことになった。しかしながら、労働人口の悲劇が終わったわけではない。通貨危機が過ぎた後に労働市場の新自由主義的改革がさらに幅広く進行したからである。大多数の企業は会社のマンパワーを減らしたり、残っている正規雇用の働き口を非正規雇用に転換したりする、いわゆる労働市場の柔軟化策を実行した。それにしたがって、大多数の事務労働者にとって終身雇用は過去のこととなり、定年は早まり、解雇の可能性は恒常的な危機として残された。このような変化の中で、中産層の経済的基盤は深刻なダメージを避けられなかった。多くの人びとがみずから中産層から脱落したと確信するようになり、新聞各紙はせっせとアンケート調査を実施してこの事実を確認し、問題提起する役割を担いつづけた。ある主要日刊紙に最近掲載された中産層の関連記事は、次のように記述している。

韓国社会では中産層が消えつつある。厳密に言うならば、みずからを中産層であると考える人たち、いわゆる〈体感中産層〉が急減している。1989年のギャラップ世論調査では、国民の75％が「私は中産層です」と答えた。ソウルオリンピックに代表される高度成長と生活水準向上が階層上昇についての楽観を招いた。そして30年。彼らの相当数はもはや中産層ではなかった(2)。

ならば、中産層は本当に消えているのか。これに対する答えはそれほど簡単ではない。なぜなら、私たちが中産層をいかに定義するかによって答えが変わってくる可能性があるからである。中産層、または中間階層は極めて曖昧で複雑な概念である。したがって、社会学者たちの間でも共通の定義が存在しない。幅広く捉えるならば、中間階層、または中産層は資本主義社会の基本的な階級である資本家階級と労働者階級の中間に位置し、ある程度経済的な余裕を楽しみ、子どもたちに高等教育を受けさせることができ、また社会的にも文化的にも、世間一般と比べて引けを取らない暮らしができる余裕のある人びとで構成された集団と理解される。しかし中産層の規模を把握するためにはもう少し具体的な方法が必要なのだが、しばしば用いられる方法が二つある。一つは各個人や家族がその社会の所得分配過程の中のどこに位置取るかによって、中間層の位置を把握する方法である。もっとも多く用いられる方法はＯＥＣＤが提案したもので、中産層を中位所得の50％から１５０％の範囲内に入る人びとと規定するものである。中位所得とは、すべての世帯を所得順で一列に並べた際に正確に真ん中に位置する世帯の所得をいう。これが韓国政府の採択した方法である。この方法によると、韓国の中産層は１９８０年代に75％程度だったが、２０１０年代には60％台中盤まで落ちた。ＯＥＣＤの平均数値と比べてより急激に落ちたことは事実であるが、中産層が消えているという見立ては適切ではないようである。そしてここ数年間は、経済的な停滞の中でも大きな変化があったわけではない。

もう一つの方法は、個人が感じる主観的な意識〔階層帰属意識〕を用いて測定するものである。この方法は韓国の多くの世論調査機関で用いられるもので、主にアンケート調査を通じて回答者に「あなたは中産層であると考えますか」と直接聞いて、中産層に所属しているか否かを測定する方法である。これを体感中産層ともいう。興味深い事実は、この方法によって体感中産層の規模を調査すると非常に大きな変化が読みとれることである。先の記事が言及したように、韓国人の感じる体感中産層の比率は１９８０年代末の75％から２０１０年代末には40％台まで下がる。さらに、権威ある韓国社会学会が実施した２０１３年の調査によると、体感中産層は20％台という結果も出た。

客観的基準と主観的基準で中産層の大きさがこれだけ違うことは興味深い事実である。ある研究機関が実施した２０１３年の調査によると、ＯＥＣＤ基準（すなわち韓国政府基準）で中産層に分類される回答者のうち45％しかみずからを中産層と考えず、55％はみずからが低所得層であると答えた。これは１９８０年代と正反対の現象である。当時は多くの人びとが客観的基準では中産層でなくとも、みずから中産層だとアンケート調査に答えていたからである。

ならば、なぜこのような現象が起こるのか。これに関しては次章で詳細に説明するつもりだが、この20年余りの間に進行した韓国の不平等構造と密接な関係がある。もう少し具体的にいうなら、１９９０年代末の通貨危機以後、急激に拡大した不平等が中産層の内部でも非常に大きな格差をつくり出し、その過程で登場した富裕層が新しい形態の消費と生活様式（life style）を追求するようになり、これらの人びとが身につけた生活様式があたかも中産層の理想的な水準のように受け取られるようになったからである。それゆえ、今日の多くの人びとが考える中産層の基準が過度に高くなった。最近の世論調査によると、所得が中位圏に含まれる人びとが考える理想的な中産層の基準は、月額所得５００万～６００万ウォン〔２０２２年の年間平均為替レートは１００円＝10・３８ウォン〕であった。２０１０年代末の韓国の中位所得が月額２５０万ウォンに満たなかったことを勘案すれば、彼らが考える中産層の基準はほとんど非現実的なほど高いといえる。

このように、中間層の所得水準に位置する多くの人びとが、非現実的な高い中産層の基準を想定して、自身がそれに属することができない人間であると考えるのには明らかに理由がある。その主な理由は進行していく経済的不平等とそれが中産層の内部でつくり出す階層分裂と身分競争、そして階級の差別化（class distinction）にあると考えられる。このような現象を引き起こした構造的原因は、根本的にこの20年余りの間に進行した経済的不平等の急激な拡大にある。所得分配に関する資料によると、１９８０年代から１９９０年代中盤までの韓国の高度経済成長期には、驚くことに所得不平等が徐々に縮小している。所得不平等を測定する主要な指標であるジニ（Gini）係数〔最大値が1、所得不平等が小さいほど数字が小さくなり、最小値は0である〕が１９８０年には０・３７だったが１９９５年には０・２８まで下がった。これは他の多くの国の経験と非常に異なる現象である。一般的に、経済が急速に発展する期間には経済的不平等が拡大するのが歴史の示すところだからである。しかし、アジア通貨危機を契機としてジニ係数が急激に上昇して、２０１３年には０・３３に至る。特に注目に値する変化は、過去には経済成長の果実が各階層に比較的満遍なく分配されたのに反して、１９９０年代以後は所得の上位層に集中的に分配される現象が起きた点である。したがって、１９９９年に上位１％に属す人びとが国民総所得の８・５％を手にしていたのだが、２０１６年にその比率は14・４％に増大した。そして上位10％による所得占有率は１９９９年の32・８％から２０１６年には49・２％に増大した。すなわち、２０１０年代末に至ると上位10％が全体所得の半分を手に入れたということである。

ならば、上位10％に属する人びとは誰なのか。主に高度な専門職、大企業の管理職、金融業者、特殊技術者、キャリア官僚等がここに属する。また、職業とは関係なく多くの不動産を所有する人びとも含まれる。彼らは現在韓国の富裕層を形成する人びとである。もちろん過去にも金持ちはいた。だが、そのときは平凡な人も金持ちになれる機会が多く、また金持ちが突然経済的に落ちぶれることも少なくなかった。すなわち、社会的な移動が円滑に成り立っていたのである。そして、富裕層と低所得層が今のように地域的に、社会的に、または文化的にはっきりとした違いを見せていなかった。だが通貨危機以後次第に新自由主義的なグローバル化(globalization)が進展するにしたがって経済的な分極化は進み、中産層の上層部を占める人びととの構成も変わってきた。以前よく使われていた、いわゆる成金というレッテルを剝ぎ取って、名実ともに最高の教育水準と国際感覚を備えてエリート専門職や経営職に従事する高額所得者が主流となる、新しい階層集団が登場するに至った。

こうした事実が示すのは、韓国経済が近年になって新自由主義とグローバル化された体制へ変化する過程で中間階層の内部でも一種の分極化現象が起きたことである。分極化というと中産層の外部で起きていること、すなわち、上位1％、または0・1％に国家の所得と富が集中し、彼らと残りの人口の間にはなはだしい乖離が生じることと見なされる傾向がある。そのなかで中産層は数も少なくなり経済的に疲弊していくものと理解される。多くの経済学の論文は、経済的な分極化が起きてもっとも犠牲を被る集団は中産層だと主張する。実際に所得分配を上中下の3つの所得集団に分けて分析してみると、最近浮かび上がってくるのは中間所得層に分配される全体所得の比率がもっとも低くなっているという現象である。これは韓国だけでなく西欧先進国も同様である。このような資料はもちろん中産層が没落したり、解体されたりしている事実を裏づける証拠になりうる。だが、こうした主張が見落としている事実は、中産層がけっして同質的な単一のカテゴリーではなく、多様な集団から構成された異質的な社会階層である点である。そして主要な経済的変動期には各集団の経済的な運命も大きくすれ違いうる点である。要するに、近年の新自由主義的経済転換の中で、すべての中産層労働者がまったく同じように被害者となったわけではない。むしろ特別な人的・経済的資産を持った少数の人びとは、この経済転換の中で大きな恩恵を受けた集団となった。このように、経済的な分極化は中産層の外部のみで起きていることではなく、中産層の内部でも少数の勝者と多数の敗者を分けるかたちで現れたのである。

1980年代の中産層と21世紀初めの韓国の中産層を比較してみると、過去の中産層は比較的同質的で流動的で上昇移動する階級集団であったが、21世紀初めの中産層は内部で分かたれ上昇移動の道が塞がれていて極めて不安定な階層に変貌した。1980年代の中産層は大部分が経済的に似たり寄ったりの位置にいて，満ち足りた暮らしをしていたり，遠からずそうなると信じていたりした。また，彼らは自分の子どもたちにはより明るい未来が待っていると信じる人びとであった。しかし現在の中産層は過去の同質的で流動的な性格を喪失したまま内部的には両極に分かたれ，社会移動が次第に滞っていく階層集団に変わっている。経済的に不安で社会的に下降移動の脅威を恒常的に感じている大部分の一般中産層と，それとは反対に経済的に成功していて社会的にも文化的にも多くの特権的な機会を享受する少数の富裕層に分かたれている。そのため21世紀の韓国の中間階層は，もはや社会のバランスを握り経済成長と民主主義の発展を安定的に推し進める勢力になれないのである。むしろ中間階層は経済的な困窮と中産層から押し出されるような不安感，そして成功している人との比較からくる深い挫折感に満ちた階層といえる。そして内部で経済的・社会的格差が開くことにより，果たして誰が真の中産層なのかという問いが出てくるようになる。大部分の中間所得者たちの目には，現在の韓国社会の本物の中産層は少数の成功している人びと，すなわち物質的・社会的に多くの特権的な機会を享受する少数の富裕層と映る。

本書の主な関心は，このように中産層の内部に亀裂が入って発生する社会的・文化的な変化を追いかけてみるところにある。中産層の内部で起こる新しい変化は，主に新たに登場した上流中産層が主導する。彼らは経済発展が遅滞して労働市場の不安が拡大される状況において，大多数の中産層労働者が経済的な不安定を経験している時期に登場した集団である。速いテンポでグローバル化する韓国経済は，ありとあらゆる高級消費財とサービス商品を提供して裕福な人びとの暮らしの質を高めるのに貢献している。また日増しに激化する教育競争はますます私教育に依存しなければならない構造へ変わり、経済力がある家庭の子どもたちに有利な機会を提供しているのである。このような変化は、21世紀の韓国経済が新自由主義とグローバル化を積極的に推進して強化されて起きた現象である。そのため消費市場だけでなく労働市場、教育市場等、あらゆる分野がグローバル化の影響を受けることとなり、その中で成功者と落伍者の間の経済的・社会的格差が大きくなる。

このような構造の中で登場した新興富裕層は、次第に自身が一般の中産層とは経済的・社会的に大きく異なるのを感じて、階級的に彼らとの差別化を望むようになる。これはブルデュー(Pierre Bourdieu)がいう〈階級の差別化(ディスタンクシオン/卓越化)〉とみられる。(3) 彼がいうとおり、現代の資本主義社会では旧来の資本家と労働者間のラディカルな階級葛藤や階級闘争は消え、その代わりにもっと複雑な性格をもった、階級集団間の微妙な階級の差別化現象が増加する。ブルデューによると、階級は単に経済的資本によって決定されるのではなく文化的・社会的資本の総体によって決定される。そして支配階級は単に経済的資産のみではなく、文化的資本と象徴的な権力で被支配階級を支配して自身の家族の階級継承を企図する。階級の差別化はこのような目的のための主要な手段である。ところで、階級の差別化は支配階級と被支配階級の関係においてよりも、中間階級と労働者階級の間でより有意に現れた。ブルデューの研究も主にこの階級の境界線に集中していた。だが、後期産業化時代に差しかかった社会では、主要な階級の境界線が中間階級と労働者階級の間ではなく、上流中産層と一般中産層の間に形成されるようになる。これは次章で詳細に記述するつもりだが、韓国だけではなく他の先進資本主義国家でも同じように浮かび上がる現象である。

韓国では富裕中産層と一般中産層の間の階級の差別化はさまざまな形態で現れる。本書ではこの現象を主に三つの分野に焦点を当てて分析することとする。すなわち、消費による身分競争、居住地の階層的分離、そして深刻化する教育競争である。

資本主義社会において、階級の差別化でもっとも重要な役割を果たす領域は消費行為である。消費水準は以前から中産層と庶民層を分ける基準を提供した。中産層がその地位を確固たるものにしはじめた1970年代、彼らを代表する品物は現代社会で基本的な家電製品、すなわち電話機、テレビ、冷蔵庫、洗濯機等であった。1980年代に入ってもっとも重要な中産層の象徴は、自家用車と現代的なマンションに入居して暮らすことで、1990年代には輸入市場の開放とともに押し寄せる各種の高級ブランド品が中産層の内部で身分を誇示する手段として多く用いられた。だが2000年代に入ると中産層の内部の身分競争はより多様になり高級化された。富裕層は一般中産層との違いを生み出すため居住地を分離し、より広く高級なマンションに住み、自動車も高級な外車に乗り、ショッピングも主に高級デパートや特別な店舗に行き、食べ物もできる限り自然食品を取り寄せて食べるのを好む。家族と週に1~2回はいいレストランに行って外食をして、海外旅行も年に1~2回行くのがほとんど当たり前になった。健康とスタイルを維持するためジムでパーソナルトレーニングを受け、スキンケアのために有名な会員制美容クリニックにも通いつづける。このように韓国の消費パターンは高級化しながら、このようなサービスを活用できる富裕層と一般中産層の社会的格差が次第にいっそう開いていくことになった。それなのに富裕層の消費パターンは一般大衆消費者の模倣消費を刺激し彼らをして分に過ぎる消費をさせ、よって彼らの家計をより苦しめるようになったのである。

消費と関連して重要な現象は居住地の階層的分離である。韓国で富裕中産層の登場と並行して現れたもっとも重要な現象は、おそらく江南《カンナム》の登場であろう。どの社会においても豊かな地区と貧しい地区が分かれているのは当然である。だが韓国の江南のように富裕中産層が大規模に一つの地域に密集して暮らす様子は、世界でめったに見られない現象である。このような富裕層の大規模な空間的密集は、韓国の階層秩序に多くの影響を及ぼした。江南という新都市に経済的に裕福な家庭が集中して暮らすようになり、互いに競争して身分を誇示する状況において、彼らは特有の〈江南スタイル〉階層文化を発達させるようになった。そして彼らの消費形態と生活の姿がメディアの集中的な視線をあびて、異なる階層から羨望と妬みの対象とされるようになった。他の地域の一般市民は、江南富裕層が見せる高級消費水準、生活様式、子どもの教育方法等が本物の中産層ならば謳歌できる生活水準であり、それにちっとも達することができない自身はもはや中産層ではないと考えるようになったのである。先に述べたとおり、2000年代に入って韓国国民の体感中産層比率が20〜40%まで落ちた理由はまさにこれに関連するであろう。

消費と居住地において現れる階級の差別化はもちろん重要だが、韓国で階級競争がもっとも熾烈に現れる領域はやはり教育であろう。韓国人の高い教育熱はよく知られた事実であり、教育を取り巻く政治的葛藤が絶えないのも韓国の特徴の一つといえる。近年、大きな政治的イシューになった曹国《チョグク》前法務部長官（日本の法務大臣に相当）の娘の医学専門大学院入学に関連した事件はそのうちの一つに過ぎない。もう少し広い観点からみれば、この30年余りの間に韓国の教育市場に現れたもっとも重要な変化の一つは公教育の衰退と私教育市場の膨張であり、もう一つは教育市場のグローバル化である。私教育市場のいびつな膨張は朴正熙《パクチョンヒ》政権の時から施行された高校平準化政策（学力による選抜ではなく、抽選によって入学者を振り分ける制度）と密接な関係がある。国家の権力で学校間の序列をなくして中・高等学校教育を正常化しようとする努力は、その狙いはよかったが多くの副作用を生んだ。そのうちもっとも重要なのは私教育市場のいびつな発達であった。経済的余裕がある家庭は、いわゆる平準化された公立学校教育に満足できず、私教育を通じて子どもたちに有利な教育を与えようと努力した。私教育市場は彼らの欲求に素早く対応し、その結果、私教育が公教育を圧倒した。名門大学への入学の可能性を決定する大きな要因として、学生の個人的な能力や努力よりも両親の経済力が台頭することになったのである。また名高い進学塾や教育カウンセリングサービス業者が江南の中心地に集中してきたことも、階層間の教育機会の差異を拡大させる大きな要因となった。このような機会の差が富裕中産層と一般中産層の間にもっとも著しく現れるようになったのである。

１９９０年代末の通貨危機以降に展開された韓国のグローバル化は、経済構造だけでなく教育制度にも強力な影響力を行使した。真っ先に起きた現象が英語教育の重要性の高まりであり、これを追い求める中産層の親の戦略につながった。幼稚園の英語教育、ネイティブスピーカーの家庭教師の採用等にはじまり、果ては英語教育のための早期留学ブームが起きた。こうして、教育のために子どもと妻を海外に送り出し、夫が一人韓国に残って働き仕送りをする家族、いわゆる渡り鳥(기러기)家族が急増した。グローバル化時代のこのような新しい教育戦略は、経済的に裕福な層が先駆けて開拓したものである。時間が過ぎて渡り鳥家族形態の早期留学は次第に減っていったが、流暢な英語と国際的な教育経験の重要性は日増しに高まりそれを追求する方法も多様になった。だが変わらないのは親の経済力が子どもたちの教育的成果を決定する力であり、むしろ国際化教育の進行によってこのような

階級的な影響がより増大したという事実である。国際教育市場にもっとも密に接する親は、経済的余裕だけでなく高い教育水準と国際経験を備えた人びとである。そして、一般中産層がこのような面で極めて不利な立場に置かれていることは自明の事実である。結果的に、徐々に教育プロセスの私教育化、グローバル化が進み、上流中産層と一般中産層の階層的乖離はいっそう進むことになる。裕福な専門職・管理職の親の元で育った子どもたちと平凡な中・下層の家庭で育った子どもたちが、同じ就職戦線で競争するのは、傾いた運動場で競走するのと変わらない。

ここまで記述してきたように、韓国の中産層のすべてが新自由主義的グローバル化のプロセスで打撃を受け圧迫されていくのではない。もちろん大多数が経済的不安と階層的危機感に追い立てられたのは事実であるが、グローバル化経済にうまく適応できる技術と教育、そして物質的資産を備えた人びとはむしろ自身の所得と資産が大きく増える経験をした。すなわち、経済的な分極化が中産層の内部で発生しはじめたのである。そしてこの分極化は単なる経済格差ではなく社会的・空間的・文化的次元の格差と排除のプロセスとして発展した。本書の主要な目的は、この過程を分析するところにある。

1章

韓国における
中産層の形成と崩壊

２０１２年の大統領選挙当時、朴槿恵《パククネ》候補は選挙運動において危機に立つ中産層を人口の70％まで回復するという公約を掲げた。この数値はもちろん１９８０年代に韓国が維持した中産層の規模であり、朴槿恵の父である朴正熙大統領が成し遂げたまばゆい経済発展のおかげで可能だったと総じて信じられていることである。しかし１９９７年のアジア通貨危機以後、韓国の中産層は減少しつづけてきて、これがついに重要な政治的イシューとして台頭しはじめた。すると各政党と政治家が皆一様に中産層の再建を主張したが、朴槿恵候補陣営がもっとも明確でスマートなスローガンを打ち出したのである。朴槿恵候補陣営の「経済民主化」と「中産層人口を70％に回復」というスローガンは、朴槿恵の当選に大いに寄与したとされている。不幸なことに、朴槿恵政権〔２０１３～２０１７〕はもちろん、その後の文在寅《ムンジェイン》政権〔２０１７～２０２２〕も中産層の危機を食い止める具体的な政策を打ち出せなかった。だが、これは中産層問題が、特に中産層の減少と増加がすべての国民にとってどれだけ大きな関心事だったのかを物語るのである。

中産層の登場

韓国における中産層の登場は、20世紀後半に成し遂げられた急速な産業発展の直接的な結果であった。１９６０年代初めに輸出志向型産業化プロジェクトを始めるまでは、韓国は人口の大多数が農村に暮らして働く農耕社会だった。もちろん、それ以前に日本の植民地時代にも少なからず職業構造の変動があった。植民地産業化で工業労働者が増え、日本の帝国主義体制を支えるための下級官僚と銀行員、教師、そして少数の知識人階層が登場した。この集団を韓国最初の近代的中間階層と見なすこともできる。だが、この集団は規模が非常に小さく植民地統治と密接な関係の下に存在したため、真の意味で中間階級と呼ぶのは適切ではないと思われる。しかし1960年代に始まった産業化は韓国人が働き、金を稼ぎ、暮らしを営んでいく方式を根本的に変換した。特に職業構造に大きな変化が起きた。1950年代後半には労働人口の80%が農民で成り立っていたが、1980年代初めになると農業人口が労働人口全体の3分の1に減り、1990年代後半にはわずか10%という水準になった。こうして、わずか30年余りの期間に小作営農の国が都市賃金労働者の国に変貌した。チャン・ギョンソプ(Chang, Kyung-Sup)が適切に描写したように、韓国が経験した産業化は西欧の経験に鑑みると明らかに〈圧縮された近代(compressed modernity)〉といえる[1]。

実際に1960年代から1990年代の間に起こった職業構造の変化は驚嘆に値する。韓国統計協会が提供する資料によると、専門職・管理職・技術職は1965年には労働者全体の2.9%に過ぎなかったが、1992年には10%に増えた。同じ期間にホワイトカラー労働者の比率は4.1%から14.4%と3倍以上に増えた。全体的に、〈新中間階級〉にカテゴリー化される集団は1960年代中盤から1990年代初めまでで7%から24.4%に増えた。1997年になるとこの新中間階級は労働人口の30%に増加した。また別の特筆に値する事実は、サービス・販売職が1965年の18.4%から1992年には29.3%に増えた点である。このカテゴリーはたいそう異質な集団として成り立っているので、一つの階級カテゴリーに分類するのが容易ではない。社会学者はその中の一部を〈旧中間階級〉あるいはプチブルジョアジーに分類して、他の下層は〈都市周辺階層（urban marginal class）〉と見なす。そのため販売・サービス職種に属した人口の半分程度が中間階級に属するとみると、1997年当時、旧中間階級に属する人びとは人口の11・5％を占めたことになる。このように職業構造を中心に分類した中間階級全体は、旧・新中間階級を合わせて1997年の総人口の約42％を占めていたと推定される。

憧れの対象としての中産層

韓国で中間階級を指す単語は中産層である。なぜ研究者やメディアでは〈中間階級〉の代わりに〈中産層〉という単語を使いはじめたのだろうか。もっとも重要な理由はもちろん政治的配慮である。反共を国是として社会主義思想を一切認めない国家で、マルクス的な概念である〈階級〉を使うのは極めて危険であったからである。マルクス的な観点では資本主義社会の基本階級は資本家階級と労働者階級で、この二大階級の敵対的な関係の間に不安定に存在する集団が中間階級、あるいは中間階層である。だが〈中産層〉はそのような階級的な意味を離れ、単純に個人の経済的位置、すなわち所得と財産の所有程度にしたがって決定される社会的位置を指す脱理念的概念であるといえる(2)。

中間階級と異なり中産層という単語は政治的により安全であるだけでなく、実質的にも多くの人びとにとって意味ある概念である。韓国で中産層とは、貧しさから脱して経済的に余裕を求めはじめたばかりの人びとが「私もようやく人並みに暮らせるようになった」と感じるときに、彼らの社会的な位置を代弁できる便利な概念である。1970～1980年代、大部分の韓国人は自分の現在の状態を自分の親、あるいは自分自身の近い過去と比較してみるとき、その生活水準がうんとよくなったのを肌で感じることができた。また韓国経済のたゆまぬ発展が自身と子ども世代により明るい未来をもたらすと確信できた。中産層の概念は曖昧ではあったが、このように経済状況の改善と階層上昇について社会全般に広がっていた楽観的な期待を含むものであった。この点において中産層は願望の概念（aspirational category）と理解できる。すなわち、多くの人びとが現時点で帰属意識を感じたり、あるいは近い未来に属したい〈社会的アイデンティティ〉を提供してくれる概念がまさに中産層であった。

ならば、中産層は具体的にどのように定義できるのか。この概念は韓国の学界、メディア、そして政治の世界で無数に使われているが、実際のところ正確に定義されることはめったにない。中産層研究の初期で研究が活発に展開された１９８０年代末、ソウル大学社会学科で実施した重要な社会調査では中産層を次のように定義している。「そこまで豊かには暮らせないが、子どもを大学に進学させることができ、体面を保てる程度に人づきあいをして、夏休みには家族旅行もでき、文化的な生活もある程度楽しんでいる」人びと。(3) これに類似した例は多かった。たとえば、『あなたは中産層か』の著者は中産層を、人並みに何不自由ない高水準の生活を維持できる人びとと簡略に定義し、ここでいう「高水準の生活」とは「若干の無理をしつつも子どもを進学させることができ、体面を保てる程度に人づきあいをして、たまには娯楽費支出も可能な程度」を意味すると補足した。(4) 結局中産層はある程度の経済的安定と余裕を享受する人びとであり、この経済的な余力で子どもの教育と社会的関係においで人並みにふるまうことができる人びとと理解されてきた。中産層になるということは社会的にもある程度成功したことを意味し、それはすべての一般労働者と庶民が憧れる人生の目標になった。

ディスコースと社会契約としての中産層

しかし中間階級であれ中産層であれ、階級の社会的形成が経済的要因のみで成り立つのではない。多くの研究者が主張するように、中間階級の形成は他の階級と同じようにイデオロギー、ディスコース、文化的再現を通じて現れる象徴的過程の産物である[5]。韓国で国家が主管する政治的ディスコースは、中産層を形成するにあたって特に重要な役割を果した。１９６１年の軍事クーデターによって権力を掌握した朴正熙政権（１９６３〜１９７９）は、経済成長の成功を通じて政治的正当性を確立しようとした。豊かで強い国をつくって国民が豊かに暮らせるようにすることが政権の最優先目標であり、これは中産層社会を建設するプロジェクトへとつながっていった。祖国の近代化と先進国・韓国の実現は朴正熙政権が選んだもっとも崇高な国家目標であり、中間階層の速い膨張は経済成長の成功をもっともよく立証できる可視的な徴候と受け取られるようになった。朴大統領の在任期間に国民がもっとも多く耳にしたスローガンが〈豊かに暮らそう（チャルサラボセ）〉と〈なせば成る（ハミョン　テンダ）〉であった。朴正熙は、１９７０年代後半までにすべての国民が自家用車を所有でき、快適な中産層生活を楽しめる〈中産層社会〉をつくり上げると約束した。中産層のディスコースは、このように朴正熙政権が国内外に政権の正当性を確立するのに決定的な仕組みとして機能した。ヤン・ミョンジ（Yang, Myung-Ji）が適切に記述したように、「中間階級の浮上は、世界に韓国の経済的近代化を見せつけ国家の開発主義プロジェクトを正当化しようとした政府にとって、重要な政治的・イデオロギー的プロジェクトであった[6]」。もちろん韓国だけが中間階級を重要な政治的ディスコースに活用したのではなかった。これは東アジアの国家主導の開発過程でよくみられる慣行であった。たとえば中国の中間階層研究においてグッドマン(David Goodman)は次のように主張する。

国家が主管する中間階層ディスコースは、中華人民共和国では重要な役割を果たしている。このディスコースは国家が国民に消費を奨励し、勤勉な労働を鼓舞するために考案されたものである。このディスコースの目的は一つにまとまった社会像を強調して、深刻な不平等と潜在的な階級間の葛藤から国民の関心を逸らすところにあった。(7)

韓国における中産層のもう一つの重要な側面は、社会契約としての機能である。中間階級が先進国社会で社会契約の主な基盤として機能した事実は、多くの社会学者が主張するところである。(8) ザンズ(Olivier Zunz)によると、「第二次世界大戦後に先進産業国家で結ばれた社会契約は、戦前に米国で労働者階級と中間階級が、互いの間にある程度の差異があるにもかかわらず、一つの大きな中間階級へと統合された流れを追うものであったが、その流れをなおいっそう促進させた」(9)。韓国でも類似した種類の社会契約が、開発主義国家と市民の間で暗黙のかたちで形成された。この契約は、国民が各自一生懸命に働き国家の発展目標を達成するために誠心誠意努力すれば、その報いを十分に受けることができると信じられるものであった。国家は国民に一生懸命に働き、みずからを律し、雇い主の言葉に素直に従い、政治的な自由と民主主義についての要求は後回しにすることを求めた。その対価として国家は彼らの生活水準を向上させ、彼らが中産層に合流して人並みに何不自由ない生活を送れるようにすると約束したのであった。このような暗黙の社会契約は、大部分のホワイトカラー労働者には公正なやり取りであった。しかしブルーカラー労働者には違った。低賃金で働く工場労働者は劣悪な労働環境で極度の搾取に苦しめられた。彼らが求め叫んだ最低限の人権保障と正義は、1987年に大規模な労働蜂起が勃発するまで暴力的に抑圧された[10]。それにもかかわらず、中産層のディスコースが国民全体を国家の発展プロジェクトに動員して献身させるにあたって重要な役割を果たしたのは事実である。

中産層の基準

1960年代の日本は〈90%中間階級〉あるいは〈一億総中流社会〉と自負したものである[11]。朴正熙政権はこのモデルに追いつくために、少なくとも1980年代中葉までには韓国を中産層社会に躍進させるという偉大なビジョンをもって経済発展に邁進した。実際にソウルで開催された1988年のオリンピック当時、韓国はほとんどその境地に到達したように見えた。多くのメディアが1980年代後半に70%を超える韓国人がみずからを中産層だと考えているという調査結果を報道した。各種のマスコミと研究機関が実施したアンケート調査は、1990年代初・中盤までこの比率が持続的に上昇していったことを示してくれる。たとえば1960年代は40%、1970年代には60%、1980年代前半には60~70%、1980年代後半から1990年代にかけてはついに70~80%という水準にまで体感中産層比率は上昇しつづけた[12]。

ならば、その当時の韓国人はアンケート調査で自身が中産層であるかと質問された際に、何を思い浮かべたのか。言い換えれば、彼らはいかなる基準で、自分自身や他人の地位を中産層であると感じたのか。幸いなことに、いくつかのアンケート調査にはそれと同じような質問が含まれていた。梨花女子大学の社会学者が1999年におこなった調査では、誰かが中産層に属しているか／いないかを判断するときに何を思い浮かべるかを回答者に尋ねた。[13] その結果、自身を中産層であると感じていた回答者中の絶対多数が〈安定的所得と経済的安定〉を、中産層の地位を決定する第一の要因に挙げた。それ以外の要素、すなわち〈職業的な特性、文化、余暇生活〉〈政治態度および社会参加〉等を選んだ回答者は10％未満だった。ホン・ドゥスン(Hong, Doo-Seung)が2002年に実施した別の調査の結果もやはり大きく違わなかった。回答者は中産層を決定するのにもっとも重要だと考えられる二つの項目を選ぶようになっていたが、彼らが選択した項目は、所得地位(79.5％)、消費水準(43.0％)、文化・余暇生活(22.1％)、職業的な地位(21.5％)、教育(17.2％)、健康についての価値観(12.3％)、市民参加(3.3％)、そして最後に政治的態度(0.7％)の順であった。[14]

このような結果からわかるのは、韓国人が中産層について極めて経済主義的な観念をもっていたという事実である。豊かになること(〈チャルサラボセ〉)がすべての人のもっとも大きな夢であった。メディアで中産層が主に消費階級というフレームで扱われるようになってきた事実を考慮してみると、これは驚くべき事実ではまったくない。しかし、アンケート回答者たちが中産層を定義するのに、社会的・文化的要素がそれほど考慮の対象になっていなかった点に少し驚くだけである。多くのアンケート調査に現れた結果を見ると、道徳的・文化的側面は中産層を定義するのにもっとも重要度が低い要因として扱われていた。もちろんだからといって、韓国人が他人を評価する際に道徳的・文化的側面を考慮しないというのではない。それよりは、道徳的・文化的価値が階級間の違いを区分するのにあまり意味がないと判断するということであろう。これを言い換えるならば、中産層にせよ上流層にせよ、彼らが経済的に裕福で人より優雅な生活を享受しているのは認められるが、だからといって彼らが庶民層より人格的に尊敬に値する、あるいは市民意識が高く政治的にも合理的な人びとであるとは考えられていないのである。とにかく重要な事実は、韓国の中産層がほとんど全面的に経済的な基準によって、もう少し具体的にいうならば、経済力と消費水準によって決定されたという点である。そして、文化的、道徳的、または政治的要因は、中産層を区分するのにあまり重要ではなかった点である。

西欧の中間階級との違い

このような側面からみるとき、韓国の中間階級は19世紀のヨーロッパや米国で形成された中間階級とはまったく異なる。19世紀、西欧で中間階級を代表する集団は商人および資本家階級であるブルジョアジーだった。彼らは上流の貴族階級と下層の農民、都市労働者の間に登場した新しい勢力であり、20世紀の物質主義的資本家とは大きく異なる価値体系を有していた。多くの歴史的文献が示すように、19世紀ヨーロッパのブルジョアジーは単純に経済的資産の所有を基盤にするより、彼ら特有の道徳的・宗教的価値を基盤として自身の階級アイデンティティを樹立しようと努力した。ダヴィドフ(Leonore Davidoff)とホール(Catherine Hall)は英国の中間階級について次のように記述している。

19世紀後半以降に中間階級を代表するに値する人びとは，次第にいっそう自身の道徳的優位と影響力を確立しようと努力した。このような態度は，この世でなした世俗的な財産，地位や身分の高さより，天上で受ける神の恩寵がいっそう重要だと信じる彼らの宗教的信念と自負心によって強化された。土地を基盤とした富を名誉の源泉にするのを拒否して内的な霊魂を重要視しながら，彼らはよいキリスト教徒として生きるための必須の条件として，模範的な家庭を築くことに執着するようになった。(15)

北欧の中間階級を研究したフリクマン(Jonas Frykman)とレフグレン(Orvar Löfgren)も，19世紀ヨーロッパの中間階級を次のように描写する。

ブルジョアジーは，彼らが所有しているさまざまな徳目を根拠に，自身が社会の指導者になる資格があると信じた。その徳目というのは高い道徳的基準，自己規律と節制，倹約と合理性，科学と進歩に対する確固たる信頼等であった。彼らは自身より上にいる階級と下にいる階級はともにこのような品性を欠いていると信じた。(16)

米国の中間階級に関する文献も大体似たような中間階級文化を語る。特に中間階級特有の家庭内秩序と，現代的な夫婦・父子関係を強調する。ブルーミン(Stuart Blumin)は，19世紀米国の中間階級家庭が「社会的に尊敬を集めることができ，荒っぽい労働者の世界やうわべだけの流行の世界と距離を置き、真に品位のある習慣を身につけられる家庭環境をつくろうと真摯な努力をした」点を強調する。[17]このように、近代化初期に登場した中間階級が、自身の階級的な位置を差別化する根拠を経済的な富ではなく、道徳的・文化的・宗教的価値に置いたという事実は注目に値する。

それに比べると、韓国の中産層は物質的所有と消費水準だけに自身の社会的位置を認識して満足しようとする傾向があまりにも強いとみられる。もちろん現代になると、ヨーロッパや米国の中間階層も過去とは異なり、文化的要素よりは経済的に余裕がある生活をすることをより重要視するようになった。しかし西欧の先進社会では、多くの面で過去の中間階級文化と伝統がある程度残っているのもまた事実である。少なくとも物質的所有や消費水準だけで誰が中間階層なのかを判断しようとする態度は、西欧社会ではそれほど露骨に現れない傾向がある。するとなるのは、なぜ韓国では中間階層概念がそのように物質的な意味として形成されたのかということである。その理由はもちろん韓国社会固有の文化にあるわけではない。実際のところ、他のどの国よりいっそう儒教の伝統に忠実であった韓国は、より非物質的で倫理的な価値に基づいて中間階級の概念を発達させることもできたはずである。なぜそうできなかったのかという理由は、中間階層が誕生した歴史的な文脈の違いに見出さなければならない。19世紀ヨーロッパのブルジョアジーは、旧封建制度が崩壊し資本主義と産業化が始まる時期に生まれた。この時代に彼らは産業化と近代化を牽引する主役としての歴史的任務を担うようになった。その時代はまた、宗教改革以降の清教徒精神が強烈によみがえったときだった。このような歴史的・文化的背景の中に登場したブルジョアジーは、近代化精神と篤実な宗教的信念に基づき、自身を退廃した貴族階級と区別してみずからの階級の優越性を強調したのである。[18]

韓国の中間階級はヨーロッパの中間階級とはまったく異なる歴史的環境から生まれた。彼らが生まれた韓国は、近代化の落ちこぼれとして植民地支配を経験した後、同じ民族同士で争い殺しあう残酷な戦争を経る間に、過去の文化的伝統や身分秩序がほとんど完全に崩壊した社会だった。近代化はすでに先進資本主義国家で成し遂げられており、韓国はひたすらそれを追いかけてコピーすればよかったのである。そのため近代化の主役として高貴な任務を遂行した西欧の中間階級とは異なり、韓国の中間階級はそのような歴史的任務の代わりに、西欧のモデルを他に先んじて追いかけることによって自身の階級的位置を差別化しようとした。さらに彼らが生まれた時期は、20世紀後半に資本主義が高度の消費主義を中心に再編され、全世界の経済が一つの巨大な資本市場に統合されるグローバル時代だった。世界の市場を支配するグローバル資本は、消費が飽和状態に達した先進国より新生産業国家で消費市場を開拓することに熱を上げるようになった。そして、この地域に新たに登場した中間階級を主要な顧客として選定したのである。このような環境で新たに中間階層に加わった多くの人びとが消費を通じて自身の身分を誇示して確認しようと努力するのは、まさに当然の結果といえる。これは韓国だけでなく、他の東アジア新興開発主義国家に共通して見られる現象である。

だが韓国の中間階層が主に物質主義的、そして消費中心的に形成されたのはこのような歴史環境や地球全体に影響を与えるグローバル資本主義の動きとは別に、韓国特有の要因も作用したとみなければならないだろう。もちろん戦争で廃墟となった貧困国家から経済発展が急速に進み、すべての国民の関心が経済的安定と余裕の追求に傾いていたのは最大の要因であろうが、それを極大化した国家の役割がまた非常に重要である。周知のとおり、朴正熙政権は経済成長を国家の最優先目標に選定して国民を〈豊かに暮らそう〉と〈なせば成る〉というスローガンの下に総動員した。豊かに暮らすことが、個人はもちろん、国家の地位を決定する最高の価値基準として採択されたのである。このような開発主義イデオロギーが国家主導で強力に注入され、またそれに見合うように経済が目覚ましく発展する状況で、他の価値観の入り込む隙が生まれなかったとみられる。このような物質主義的な環境において〈金持ちになること〉が大部分の国民にとってもっとも切実な夢であり、階層的上昇や失敗もこの基準によって単純に決定される傾向にあった。そのため1980年代、そして現在でも大部分の国民は、中産層といえば所得、資産、消費水準等、主に経済的な尺度のみで彼らの階級的位置を判断するようになったのである。中間階層が他の階層に比べてより道徳的で、文化的にもより優秀な価値を有しているという想定は、少なくとも現在に至るまでは韓国で見出すのが難しいようである。

思いがけない逆転

1996年、月刊『新東亜』は韓国における暮らしの質についての世論調査結果を発表した。結果は驚くほど肯定的だった。「韓国人の3人中2人が自身は幸せだと答えた。3人中1人は他の人よりも豊かに暮らしていると考えており、大多数の国民が人並みに暮らしていると信じていた。また今後はもっと豊かに暮らせると考えている」。また回答者10人中8人は生活水準でみると自身が中産層であると思っていた。だから、この雑誌の記事は当然「韓国人は楽天家だ」と結論づけた[19]。この調査結果が1996年に、すなわち通貨危機が訪れるちょうど1年前に発表されたという事実に驚くばかりである。だが稲妻のごとくやってきたアジア通貨危機は、韓国経済と韓国の中間階層の運命を変える決定的な転換点になってしまった。何よりも突然発生した大規模な失業が中産層の根幹を揺るがした。失職した労働者の数は、１９９７年12月の65万８０００人から１９９８年の１７０万人へと3倍近くに増加した。職を失った彼らの中の多くは生産労働者だった。しかしホワイトカラーの管理職もそれに劣らぬ比率で職を失った。いくつもの銀行が倒産したり他の銀行に合併されて、金融業界で多くの従業員が解雇された。いくつもの財閥企業が破産したことによって大型解雇が起き、５大財閥グループ〔現代、サムスン、大宇、ＬＧ、ＳＫ〕の労働者も10％近くが職を失った。他の大企業でも40～50代の多くの管理労働者がいわゆる〈名誉退職〉という名目で早期退職を強要された。

このすべての経済的な逆境は、当然韓国の中間階層に途方もない打撃をもたらした。この暗澹たる経済状況において〈中産層の危機〉と〈中産層の没落〉が支配的なディスコースとして登場し、主要新聞は例外なく韓国の中産層の崩壊について特集記事を掲載した。現代経済研究院〔民間シンクタンク〕が１９９９年に実施した調査によると、自身を中産層であると答えた回答者は45％にとどまった。これはわずか数年前に75％を記録した中産層の規模と比較するとはなはだしい減少を示している[20]。韓国統計庁は１９９０年からＯＥＣＤ式の中間階層調査方法を採用し、中産層を中位所得の50％から１５０％の範囲内の所得と規定して中産層比率の変化を継続的に調査、発表してきた。図1−1に現れたデータによると、韓国の中産層は１９９０年の74・８％から２０００年には70・２％に、２０１０年には65・４％に減少し、２０１５年には大きな変化がなかった。他の先進国に比べて、韓国の中間階層はこの20～30年間にかなりのテンポで減少した。２０１９年のＯＥＣＤ報告書によると、１９８０年代中盤から２０１０年代中盤に至るまでに加盟国の中間所得世帯の比率は64％から61％に下がっ

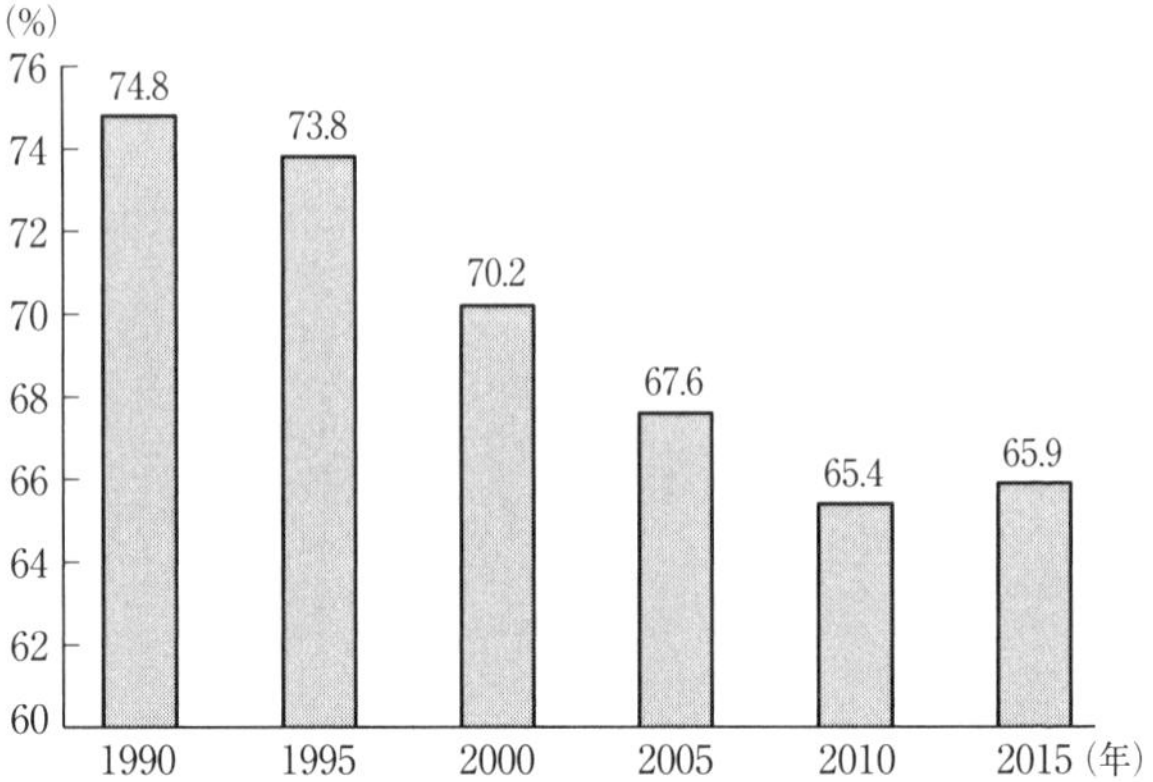

注：中位所得の 50～150% を稼ぐ，都市に居住する 2 人以上の世帯を対象とした.
出所：윤자영・윤정향・최민식・김수현・임재만・김영순・여유진『중산층 형성과 재생산에 관한 연구』，한국노동연구원，2014; KOSIS, "Data on Household Income Distribution," Seoul: KOSIS, 2017.

図 1-1　中間階層比率

た。

しかし韓国の中産層の縮小は、所得分配に基づいた客観的な位置よりも個人が主観的に感じる体感中産層を基準にするとさらにはっきりと現れる。自身が中産層であると思う人びとの比率は、１９９９年の通貨危機進行中に45％まで減少した。この比率は通貨危機後少し回復したが、２０００年代初め以降にまた下落しはじめた。図1-2にみるように、『中央日報』が２００５年冬に実施した調査では回答者の56・0％がみずからを中産層だと思うと答えた。１９９４年の調査時は70・7％だった。もう少し最近の２０１９年『朝鮮日報』の調査では48・7％が自身の階級地位を中産層と答えた。そしてほぼ同数の回答者が自身は低所得層に属すると思うと述べた。みずから高所得層に属すると答えた者は２・４％に過ぎなかった。同年、『毎日経済新聞』が実施した調査でも、自身を中産層であると考える回答者は42・2％だった。[21] さらには、２０１３年に韓国社会学会が実施した調査では、回答者の20・2％しか自身を中産層であると思っていなかった。[22]

所得地位で定義された中産層（中位所得の50～150％）は、1990年代中盤の75％から2019年の58％に減少した。しかしながら、実際に自身が中産層だと考える人びとの割合は1980年代末の75％ラインから2019年に40％ラインへ下がった。すなわち、所得水準では中産層に属していても自身は中産層ではないと感じる人びとが多いのである。現代経済研究院は2013年のアンケート資料に基づき、客観的中産層と体感中産層をクロス集計してこの興味深い現象をもう少し詳細に検討した[23]。この研究によると、客観的定義によって中産層に分類される人びとの中の45％しか自身を中産層の一員と思っておらず、残りの55％は自身が低所得層に属すると答えた。驚くほど大きい偏差である。さらに興味深い点は、客観的中産層と体感中産層の間のこのような偏差が1990年代以前には正反対の方向に現れていたという事実である。換言すると、その当時アンケート調査では客観的には中産層に分類されえない多くの人が、みずからを中産層であると答えた。たとえば1990年代には労働者階級の40％が、自身が中産層に属すると信じていたことがわかる[24]。そうならば、個人が感じる中産層アイデンティティが2000年代以前には過大評価されていた

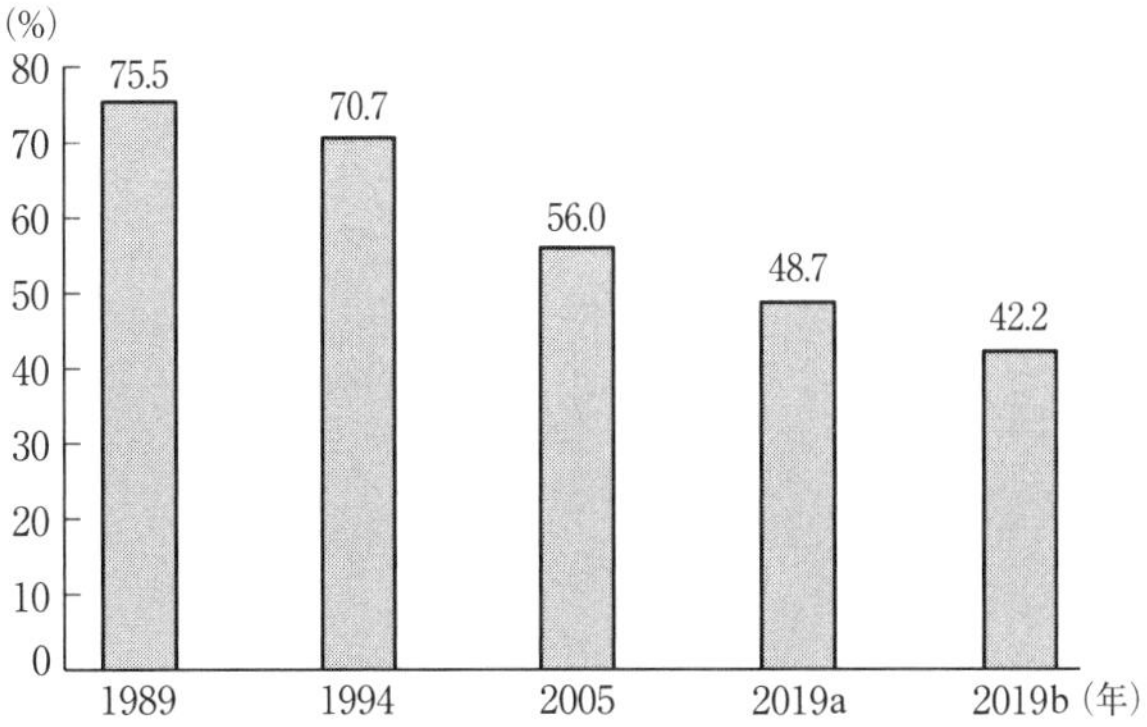

出所：1989年（ギャラップ）；1994年（『中央日報』）；2005年（『中央日報』）；2019a年（『朝鮮日報』）；2019b年（『毎日経済新聞』）．

図1-2　主観的な中間階級認識

り誇張されていた反面、今は過小評価されたり過度に萎縮させられていることになる。

なぜこのような現象が起きたのだろうか。なぜ社会の中間程度の所得水準にいる多くの人が自身を中産層ではないと考えるのだろうか。これについて、いくつかの調査機関が暗に示す答えは比較的簡単である。すなわち、多くの人が考える中産層の基準があまりに高くなってしまったためである。最近『毎日経済新聞』とジョブコリア〔就職情報サイト〕が実施したアンケート調査は、これと関連するよい資料を提供してくれる[25]。この調査では、回答者が考える中産層の理想的な所得がどの程度なのかを尋ねた。これに対してもっとも多くの回答を得られた所得範囲は月500万〜600万ウォンだった。このアンケート調査が実施された2018年の韓国の中位所得は月230万ウォンだった。そうすると、大多数の回答者は国家の中位所得の2倍程度を中産層の理想的な所得水準とみていたということになる。自宅に関する質問では、30〜40坪程度のマンションを所有したり、チョンセ〔まとまった保証金を預けて他人の不動産を一定期間借りて住むこと〕で暮らすのがあるべき中産層の住居条件だと回答した。それは市場価格で約5億ウォン程度の家に住むことを意味する。回答者はこのような経済的所有以外にも〈生活の質〉が重要であると信じていて、中産層ならば月に4回程度家族と外食をしたり、年に1〜2回の海外旅行ができなければならないと答えた。したがって、大多数の韓国人が考える中産層の生活の基準が過去よりはるかに高くなったのは確実である。この20年余りの間、韓国の経済成長が低調で実質所得が停滞ないしは減少してきた事実を勘案すると、これは驚くべき変化としかいいようがない。ならば、なぜ多くの人びとがこのような〈非現実的な〉中産層の基準を想定して、みずからを中産層に属することができないと考えるようになったのか。

準拠集団の変化

この問いに答えるためには、社会学でしばしば使われる〈準拠集団(reference group)〉の概念が有用であるように思われる。準拠集団とは、個人が自身の地位や行為を判断する際に比較対象とする集団を意味する。この集団は個人が好んでその群れに属したがり、また彼らから承認を受けることを望む集団である。そのため準拠集団は、人びとに判断基準を提供する集団でもある。近年、韓国で中産層であるという体感意識が下がりつづけている最大の理由は、多くの中流層の人びとが考える準拠集団が変わったからである。１９８０年代の彼らにとって、準拠集団は自身と近い経済状態にある隣近所の人びとであった。似たような所得で、似たような家に住み、同じような国産車を運転して、似たような余暇生活を楽しむ人びとを意味した。経済的に、あるいは生活スタイルに少しの違いがあったとしても、それはさほど大きな嫉妬心を呼び起こすものではなかった。人びとがたやすく追いつけると考える程度のものだった。だから多くの人びとが「私も人並みに暮らしている」と自負しながら、みずからを中産層と思うことができた。だが、２０００年代に入ると構図が完全に変化した。ついこの前まで自分と同じ部類だと考えていた人の中に、年収1億ウォンを超える高給取りが現れ、また少なくない人びとの住宅の価格が2倍、3倍と上がる出来事も起きたのである。それと同時に人びとが、特に富裕層がお金を使うスケールや暮らしの様子が変わった。住んでいるマンションがもっと大きくなり現代的に高級化して、運転する車はもはや現代自動車のソナタではなく高級国産車、あるいは高価な外車に取って代わり、着る服やハンドバッグ、靴、時計等の所持品もいわゆるブランド品、あるいはそれに準ずる高級なものにアップグレードされた。

消費の高級化が急速に進行したのである。これは１９９０年代以降、韓国政府が積極的に推進したグローバル化に直結した変化だった。韓国の消費市場はグローバル資本市場にすっかり統合され、グローバル市場が提供する各種消費財とサービス商品にさらされることになった。20世紀末からグローバル市場が狙ってきた第三世界の主要な顧客は、昨今経済状態が潤沢になった富裕中産層である。第一世界(先進資本主義国)の消費市場が飽和状態となった時点で登場した第三世界の富裕中産層は、グローバル資本にとってありがたい顧客に違いなかった。その中で韓国を含め経済大国として登場した東アジアの新興開発主義国家の富裕中産層は、非の打ち所がないよい顧客である。グローバル資本は彼らをターゲットにしてあらゆる高級消費財を生産し、そこに華やかなブランドネームを付けてアジアの顧客を攻略する。そしてグローバル資本市場の環境に昨今登場したアジアの富裕層は、自身の階級的位置を他の階層から差別化するために熱心にぜいたくな消費をする。[26] 消費を通じて自身の階級の位置を確認して区分しようとする欲求は、新たに浮上した富裕中産層にもっともはっきりと現れる傾向がある。なぜなら彼らは確固たる階級アイデンティティをいまだ獲得できず、一般中産層との階級的な境界線もまだ曖昧なためである。

そうしてこの新しい富裕中産層は、一般中産層にとって主要な準拠集団になる。一般的に人びとは、置かれている境遇が自身と非常に異なる位置にいる集団を準拠集団に選ばない。一般中産層の人びとが莫大なお金を持っている大富豪や財閥と自身を比較する例は多くないであろう。その代わり、最近まで自分たちと同じ中産層に属していた新興富裕層は重要な比較の対象となる。彼らの目に映る新興富裕層は、つい昨日までは自分たちと同じ階層だと思っていたのに、いまやさまざまな面で特権的な機会を享受する集団に変貌してしまった人びとである。住居地域、住宅、そして生活スタイルと子どもの教育方法等、だんだん自分から遠のいていく、それこそ自分たちから見れば真の中産層らしい暮らしを営為する人びとである。今日の韓国社会に現れた中産層基準の〈非現実的な〉上昇は、まさにこのような現実が背景となっている。わかりやすくいうなら、韓国の中産層の準拠集団が変わったのである。中産層がみな似たり寄ったりだった過去と異なり、今は少数の富裕層が一般中産層から抜け出て生活全般の特権的な機会を享受するようになって、新しい準拠集団が生まれたのである。このような変化をもたらした核心的な要因は急激に拡大する不平等であり、不平等が中間階層の分極化を方向づけているためである。もちろん、グローバル資本主義の持ち込む消費主義が経済的な分極化を社会的・文化的形態の分極化へと悪化させる点も重要である。

結論づけるならば、韓国の中産層はこの20年余りで起きたグローバル経済の変化の中で、それまでの産業化の時期とは異なるたいそう困難な変化の過程を経てきた。この階層の中・下層集団は不安定な職業と所得状態に下降分解され、一方で上層の富裕集団は次第に自身の位置を一般中産層と分離しようとして、結果的には中産層自体がその上層、下層をすべて失っていく局面となった。そうして中産層の意味とアイデンティティも曖昧になっていったのである。結局、韓国の中産層は単に数的に減少するだけではなく、実質的に崩壊ないしは空洞化の過程を経ているとみられる。その結果、中産層は以前に期待された社会の安定的・統合的勢力としての機能を失いつつある。中産層は経済的不安と相対的剝奪感が噴出する階層集団の性格を帯びるようになり、むしろ政治的な不安定と可変性を高める役割を果たす可能性もある。今日の中産層の危機を議論する際、中産層の量的な減少よりは、もっと根本的な面で階層集団間に起きる数々の形態の変化を綿密に分析しなければならない理由がそこにある。

2章
不平等構造の変化

韓国は20世紀後半に急速な経済成長を成し遂げると同時に、比較的低い水準の所得不平等を維持した。このような面で、韓国は他の東アジアの新興開発主義国家・地域(台湾、シンガポール、香港)と同じように第三世界の模範となるに値する経済発展を果たした国である。多くの経済学者が20世紀後半の東アジアの経済発展パターンを〈公平な成長(growth with equity)〉または〈共有された繁栄(shared prosperity)〉と定義した理由もそこにある。実際に韓国は1960年代初めから1990年代中盤まで驚くほどのスピードで経済成長を果たしながら、成長の果実が国民の大多数に比較的均等に分配される経験をした。1980年代末、国民の75%がみずからを中産層に属すると考えるようになった背景がまさにここにあったのである。しかし韓国の経済は1990年代中盤以降、急激に異なる方向へ発展しはじめた。1997年に見舞われた通貨危機とそれ以降に展開された産業構造の転換は、労働市場はもちろん所得分配構造も大きく悪化させた。もはや経済成長の果実がさまざまな階層にまんべんなく分配されなくなり、少数の集団に集中する傾向が現れたのである。その結果1990年代末以降、経済的不平等が急激に進み各所得集団間の格差が大きくなった。

本章では、この20年余りの間に韓国で進行した経済的不平等の変化を分析して、それがどのように階級構造に影響を及ぼしたのかを考察してみよう。1990年代末から拡大しつづけていた経済的不平等は、現在分極化という形態で現れている。だがこの分極化は単純に金持ちと貧しい人、または資本家と労働者という二つの階級の間に経済格差が広がるのではなく、もう少し複雑な形態で現

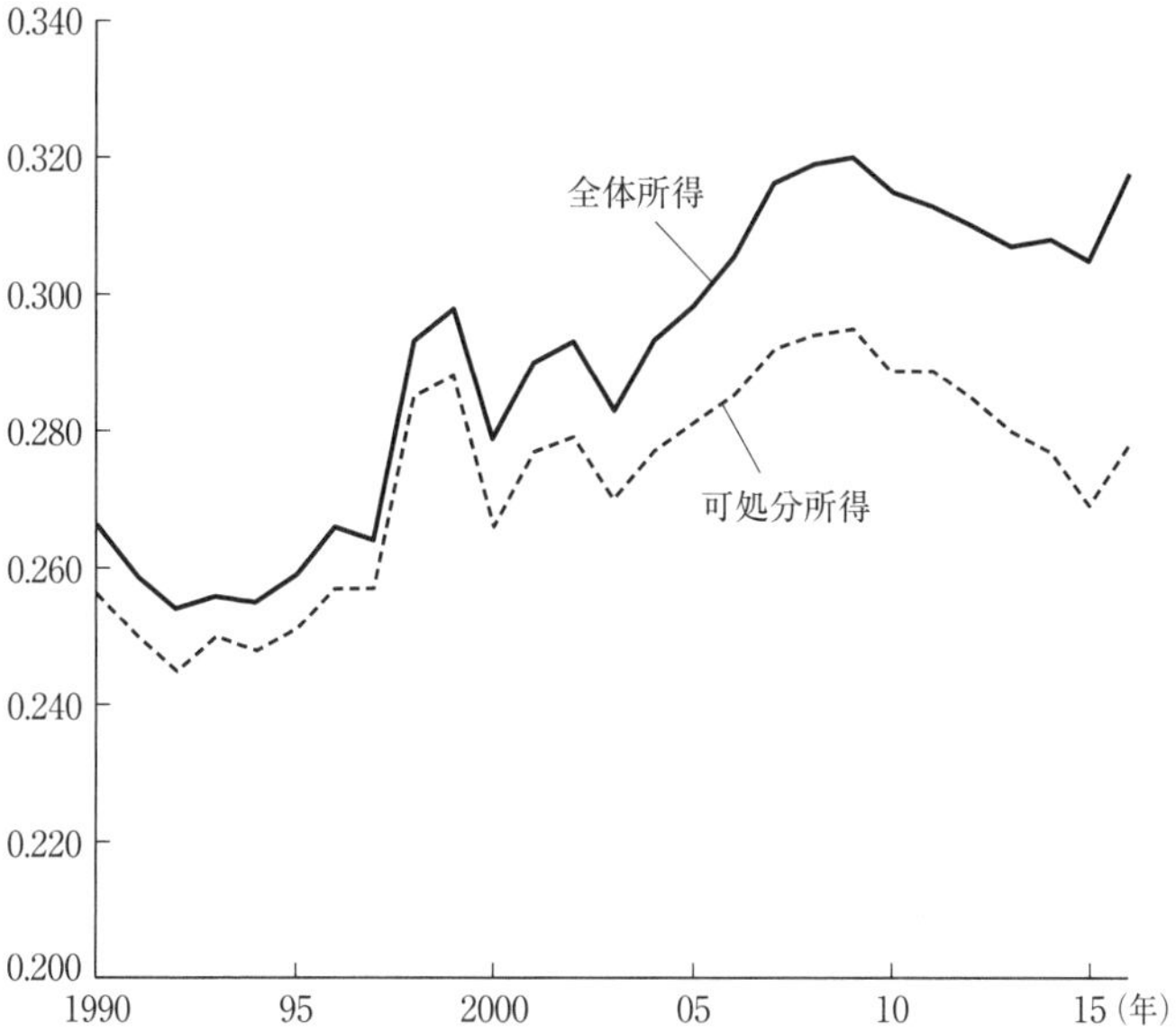

注：ここでの所得は２人以上の都市世帯の所得を世帯員数で割ったものを指す（均等化された世帯所得）.
出所：国家統計ポータル，各年度.

図 2-1　ジニ係数の動向

れている。

所得分配の変化

まず所得分配の全般的な趨勢から探ってみよう。図２‐１は１９９０年代以来所得分配に現れた不平等の水準の変化を示している。この図は経済学でもっとも標準的に用いられるジニ係数で所得不平等を測定するものである。１９９０年代以前の統計資料がこの図に含まれていないが、その主な理由は所得不平等を測定する方法に一貫性がなかったからである。だが重要なパターンは多くの経済学者の分析によってしっかり把握できる[1]。すなわち、所得不平等指数は１９８０年代初めから１９９０年代前半まで下がってから１９９０年代中盤以降には上昇傾向に転じてアジア通貨危機が進行する間もっとも急激に増加した。ジニ係数は１９９５年の０・２５９から１９９９年には０・２９８に跳ね上がった。その後しばらく下がってから２００９年には０・３２０まで上昇した。２００９年からはいったん下落する趨勢を見せてから、２０１６年以降また上向曲線に転じた。

所得分配を他の不平等係数である〈十分位所得分配率〉（上位10％の総所得を下位10％の総所得で割った値）で測定してみると、不平等が拡大する状況がよりはっきりと現れる。十分位所得分配率は１９９０年の３・３０から２０００年の３・７５、２０１０年の４・９０、２０１６年の５・０１と変わってきた。２０１３年の韓国のジニ係数である０・３０２（世帯所得の分配を基準として測定）はＯＥＣＤ平均の０・３１６よりわずかに低く、ＯＥＣＤ加盟34カ国中17位である。しかし個人所得を基準にしたジニ係数でみると、韓国は所得不平等の度合いがもっとも高い国家の一つである[2]。このような乖離が発生する理由は、韓国が他の先進国より世帯あたりの所得活動する者の数が多いからである。これらの資料を総合してみると、韓国はこの数年の間、他の大多数の先進国と比べるとより急に、そしてより速いテンポで所得不平等の悪化を経験した国である。

１９９０年代以降に現れた変化の特徴は、単純に不平等の程度が進んでいっただけではなく、その様相がもう少し複雑になり多層化したことである。この変化を適切に理解するために、私たちはここ最近になって現れた二つの形態の所得分極化現象に注目する必要がある。一つは労働市場に現れた分極化で正規雇用労働者と非正規雇用労働者の間に、そして大企業労働者と中小企業労働者の間に広がった所得格差である。もう一つは所得ピラミッド上位圏で発生した不平等で、最上位の所得者（上位

1%、または上位10%）と残りの労働人口の間に広がった垂直的分極化である。前者の形態の所得不平等は似通った人的資源をもつ労働者の間に、彼らの就業している企業の規模と雇用状態によって現れる一種の水平的分極化を意味し、後者の形態は人的・経済的資本を異にする集団間に広がる垂直的格差といえる。

労働市場の亀裂

まず労働市場で広がる所得分極化現象を探ってみよう。1997年の通貨危機がもたらしたもっとも重要な結果の一つは、企業に対して労働市場の柔軟化戦略を実践できる環境を整えたことであった。韓国の資本家は1995年の段階ですでに労働法を変えようと試みたことがあったが、労働者側の激しい抵抗に直面して限定的な成功にとどまった。しかし資本勢力は通貨危機の状況を利用して、そして革新系の政権であった金大中《キムデジュン》政権（1998〜2003）の助けを得て1998年の労働法改正を押し通すことができた。この法が通過したことで事業主は過剰な労働力をたやすく解雇できるようになり、また正規雇用の労働力を縮小して非正規雇用、あるいは短期契約の労働者で代替できるようになった。その結果、非正規雇用労働者の比率が急激に上昇した。政府の労働統計によると、非正規雇用労働者（日雇い・臨時雇用労働者を含む）の比率は1995年の41・9%から2000年の52・1%に増えた。また、労働問題に取り組むNGOの独自調査によると、非正規雇用労働者の比率は1996年の43・2%から2000年には58・4%に跳ね上がった。政府は2000年になって非正規雇用労働者についての標準的な定義を新たにつくり出し、それ以降この定義を用いて非正規雇用労働者の規模を測定した。その定義によると非正規雇用労働者というカテゴリーは、臨時雇用の労働者、下請け労働者、派遣労働者、フリーランスで働く労働者、在宅勤務労働者、日雇い労働者等を含む。政府の統計によると、非正規雇用労働者の比率は２００１年の26・８％から２００４年の37％に増加した。それ以後非常に遅いテンポで徐々に減少して２００８年に33・８％を、２０１５年に32・５％を記録した。

正規雇用と非正規雇用

もちろん通貨危機以前の時期にも臨時雇用・日雇い労働者の数は少なくなかった。だが、そのときはいわゆる正規雇用労働者と非正規雇用労働者がそれほど明確に区別される労働集団を構成してはいなかった。その理由は当時、労働市場が比較的開放的かつ流動的で、臨時的な職から正規の職への移動がそれほど阻まれなかったからである。さらに標準的な契約を結んだ正規雇用労働者も、労働法や労働組合等の保護をろくに受けられなかった。したがって、正規と非正規の違いがそれほど大きな意味をもたなかった。しかし１９９８年の労働法改正以降、企業は正規雇用労働者と非正規雇用労働者を厳密に区別して、正規雇用労働者に高い賃金を支払わなければならない状況を解決するために非正規雇用労働者の数を増やし、彼らの賃金を低めに支給する戦略をとるようになったのである。

なぜ非正規労働がそれほど深刻な社会的問題なのかを理解するには、彼らが労働市場で経験する不平等と不公正をまずみなければならない。表２−１に示されるように、２０１０年の非正規雇用労働者の平均所得は正規雇用労働者の平均所得の54・８％だった。すなわち、非正規雇用労働者は同じ時間働いても、正規雇用労働者のおよそ半分程度の賃金を受け取ることになるのである。

この表が示すところによれば、非正規雇用労働者と正規雇用労働者の賃金格差は２００２年から２０１５年の間により広がった。２００２年には非正規雇用労働者は正規雇用労働者の賃金の67・１％を受け取っていたが、２０１５年にはその比率が54・４％に下がった。政府が非正規雇用労働者を保護するために数々の政策を打ち出したにもかかわらず、何の効果もなかったことが証明される。

表 2-1　正規雇用労働者の賃金に対する非正規雇用労働者の賃金比率

	2002	2005	2010	2015（年）
正規雇用労働者	100	100	100	100
非正規雇用労働者①	67.1	62.7	54.8	54.4
非正規雇用労働者②	52.7	50.9	46.9	49.8

注：非正規雇用労働者①は政府の定義に，非正規労働者②は労働団体の定義に依拠したものである．
出所：韓国労働研究院，韓国労働社会研究所，各年度．

さらに非正規雇用労働者は、正式な賃金以外に支払われる報酬や社会保障でも深刻な不利益をこうむっている。非正規雇用労働者は大部分の正規雇用労働者が享受する退職金や医療保険、または福利厚生といったものの恩恵を受けることができない。現在、韓国の労働組合のほとんどは全面的に正規雇用労働者の利益を代表する組織であり、２０１５年現在、非正規雇用労働者の２％程度しか組合に加入していない。非正規雇用労働者のために特化した労働組合が少数存在はするが、組織力や影響力の面でみると何の力も発揮できていない状態である。正規雇用・非正規雇用間の労働市場の亀裂が特に問題になるのは、この二つの間の移動が極めて制限されているからである。一度非正規雇用で働くようになった人は、非正規雇用のまま労働経歴を終える確率が非常に高いのである。２０１０年代に進められた研究によると、非正規雇用労働者の中で雇用されてから3年後に正規雇用の職に移っていった人が全体の22・４％であり、50・９％は非正規雇用のままで働きつづけていた。残る26・７％は失業状態となっていた。[3]

表2‐2　大企業と中小企業間の所得格差（賃金比率）

	1980	1990	2000	2010	2014（年）
大企業	100	100	100	100	100
中小企業	96.7	79.9	71.3	62.9	62.3

注：大企業は300人以上を，中小企業はそれ未満を雇用する事業所とする．

出所：장하성『왜 분노해야 하는가: 분배의 실패가 만든 한국의 불평등』，헤이북스，2015, 94ページ．

大企業と中小企業

労働市場でこの20年余りの間に進行したもう一つの重要な形態の分裂現象は、大企業と中小企業の間に広がる格差である。大企業と中小企業の差異はもちろん過去にも存在したが、１９９０年代以前には大企業と中小企業の労働条件にそれほど大きい違いが生じることはなかった。だが１９９７年の通貨危機以降に韓国経済が急速にグローバル化されて、少数の大企業は通貨危機とグローバル化への挑戦に成功裡に適応して膨張する一方、大多数の中小企業は低賃金労働を武器にする新興工業国との厳しい競争をくり広げるようになった。表2‐2は１９８０年当時、中小企業の平均所得が大企業（３００人以上雇用）の平均所得の96・7％に達していたことを示す。しかしこの比率は１９９０年には79・9％、２０００年には71・3％、２０１０年には62・9％へと下がった。ここでみられるように、大企業と中小企業の労働者の賃金格差は、正規雇用労働者と非正規雇用労働者の間の格差ほど大きいのである。著名な労働市場の専門家であるチョン・イファン（Jung, Ee-Hwan）は、現在韓国において大企業・中小企業間の格差が正規雇用・非正規雇用間の格差よりさらに重要な問題だと主張する。[4] 大企業・中小企業間の所得格差の原因はいくつもあるが、もっとも決定的な原因は、多くの中小企業が大企業の下請け企業となり、極めて不公正で搾取的な関係を結んでいるからである。２０１４年に労働人口全体の81％が中小企業に雇用されていて、大企業で働いていたのは19％だけだった。しかも大企業の新規雇用はここ10年余りの間ほとんど増えなかった。これが韓国の労働市場のもっとも深刻な問題であるといえる。

自営業部門

労働市場で不利な位置に置かれている就業者が経験する不平等に負けず劣らず、自営業者が経験する経済状況は深刻である。韓国は他の国より自営業者が多い国である。2014年に韓国の労働人口における自営業者の割合は27％で、OECD加盟34カ国中4番目に高かった。そのうち圧倒的多数である約74％が、被雇用者がなく一人で働く人びとである。彼らは主に小売業と飲食業、そして個人的なサービス業に集中している。

過去には田舎から移住した多くの人が、自営業を通じて都市で職を探して新たな生活を始めることができた。同時に、自営業は多くの人びとに学歴がなくても個人の能力だけで、ある程度の資産を蓄積して安定した暮らしを築ける機会を提供してくれた。多くの小規模な商工業者がこうして立派な家を手に入れ、子どもを高校や大学に通わせ、人並みの中産層生活を営めるようになった。このようにして都市の自営業者は、韓国社会が急速に産業化するなかで階層上昇のオルタナティブな通路として機能したのである。

しかし自営業部門は2000年代に入って途方もない困難を経験するようになった。通貨危機以降の大規模な構造調整の中で、退職した多くのサラリーマンが自営業部門に参入した。しかし経済が停滞して消費需要が萎縮した環境において、財閥と大企業が各種のチェーン店や大規模スーパーマーケットを開店し新しいライバルとして登場したのである。このような事業環境において、何の経験もなく事業を始めた多くの退職者は、彼らの貴重な退職金までも使い果たすことになった。統計資料によると、新しく開業した自営業者の半分以上が3年以内に破産しているのがわかる(5)。自営業者の劣悪な経済事情は、彼らと賃金労働者の平均所得を比較してみると見当がつく。１９９０年代の自営業者の平均所得は賃金労働者の所得とほぼ同じだったが、２０００年代になるとはなはだしく下がったのである。１９９０年代の自営業者の平均所得は賃金所得者の95％だった。だがこの比率は２０００年代に88％に下がり、２０１４年には60％に至った。

上位階層への所得集中

現在、韓国社会では先に検討したように労働市場で正規雇用労働者と非正規雇用労働者、大企業労働者と中小企業労働者の間に現れる不平等がもっともセンシティブな問題として存在感を増し、学問的研究もその方面へ集中する傾向がある。だが、また別の重要な変化は国家の所得分配が日増しに上位層に集中して、彼らと大多数の人びとの経済格差が広がっている事実である。この現象は現在、大部分の先進資本主義国において似通った形態で現れる変化でもある。

これまで韓国において、富裕層に集中して所得分配を分析した研究は多くなかった。しかし近年になって、この問題に関する研究者の関心が高まった。特に２０１３年に出版されたトマ・ピケティ（Thomas Piketty）の画期的な著書『21世紀の資本（*Le Capital au XXIe siècle*）』に刺激を受け、韓国でも彼の新しい方法論を用いた研究が登場しはじめた。過去の研究は主に世帯実態調査資料を用いたが、この資料では上位の富裕層と低所得層が抜け落ちる傾向があった。だが最近の研究は、国税庁が提供する調査資料を用いてこの点を大いに補えるようになった。ここでは近年韓国の所得不平等に関する多くの研究結果を発表しているキム・ナンニョン（Kim, Nak-Nyeon／金洛年）と彼の同僚たちの論文[6]と、ホン・ミンギ（Hong, Min-Ki）の論文[7]を中心に、上位階層に集中する所得分配の現状を探ってみることにする。

図2-2は、上位所得グループ（上位1％、5％、10％）に分配される所得の比率を時期ごとに示している。この分析に活用されたデータは、各国の調査機関が収集した税金報告書を原資料として作成された世界上位所得データベースである[8]。この資料は上位所得集団の取り分が初期（1980～1985年）にはほとんど変化がなかったが、1990年代以降に大きく変わったことを示す。特に、上位10％に属する者の所得が大きく増加した。上位10％の所得占有率は1980年から1985年までは28.8％にとどまっていて1995年に29.2％と微々たる増加をしたが、2012年になると44.87％に急増した。同様に上位5％と上位1％の所得占有率は1980年から1985年までは増えるどころか少しずつ減ったのちに、上位5％の場合、1995年の19.18％から2012年には30.09％に増えた。また上位1％の場合には6.88％から12.23％に増えた。上位1％の中の最上位層である0.1％の場合は、いっそうはっきりと所得の集中が起きた。

上位集団に優位に展開された最近の所得分配状況をより直接的に把握するために、所得占有率ではなく各所得集団が受け取った平均所得額を比較する必要がある。図2-3は1963年から2009年まで各所得集団に支給された平均賃金所得額の変化を示す。初めの時期である高度経済成長期

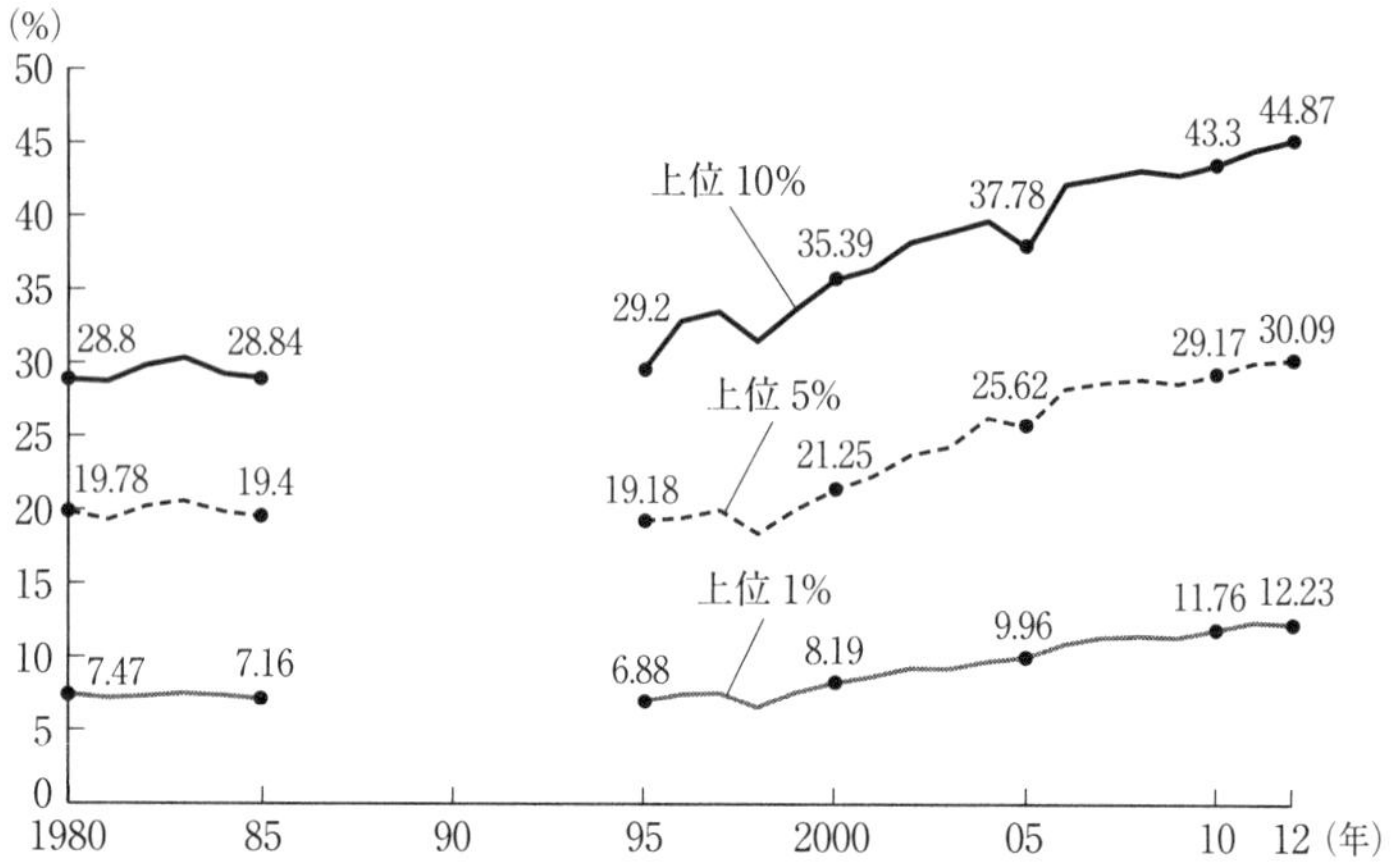

注：都市に居住する 2 人以上の世帯を対象とした.
出所：World Top Income Database(장하성 前掲書から再引用).

図 2-2　上位所得階層の所得占有率

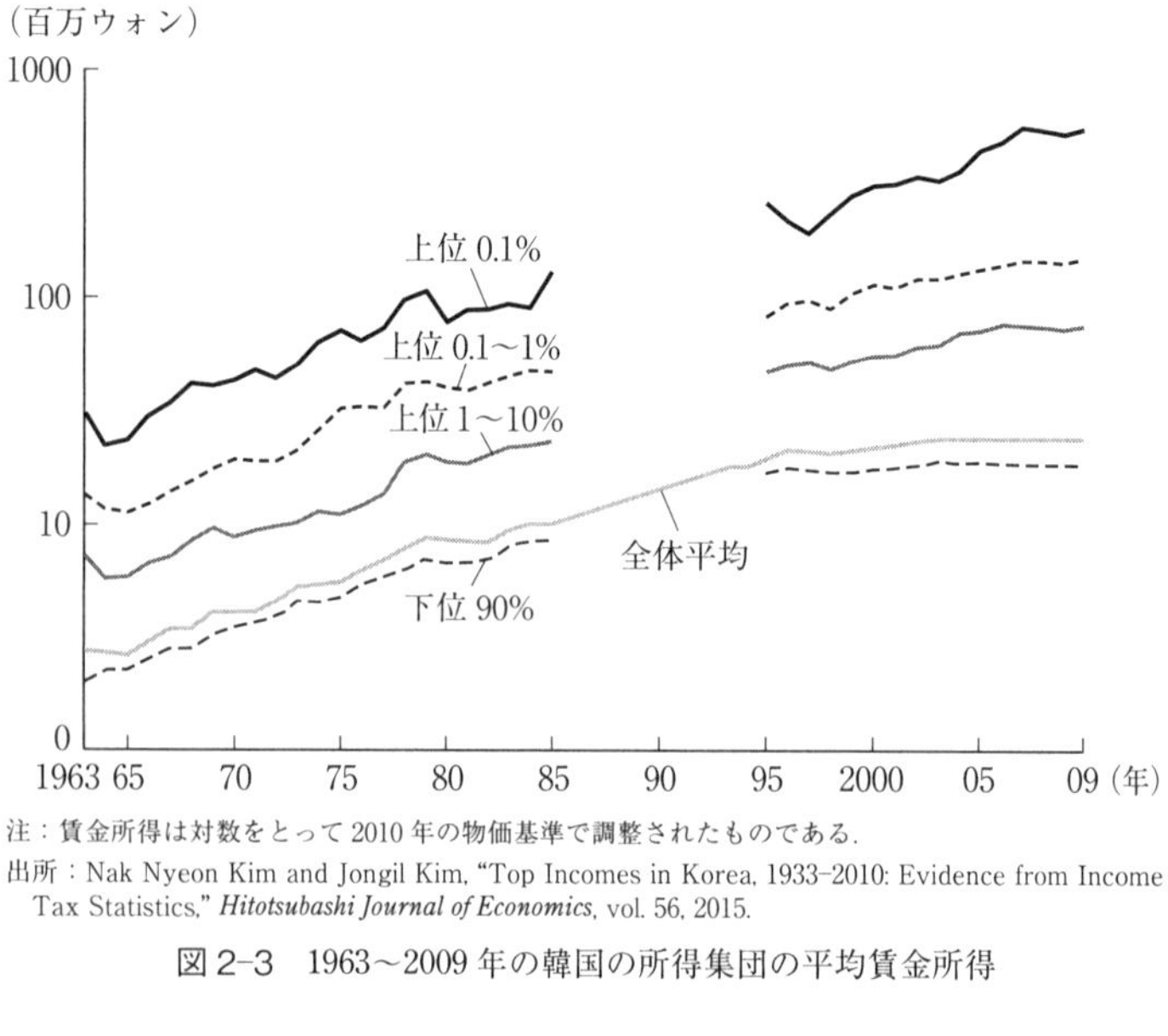

注：賃金所得は対数をとって 2010 年の物価基準で調整されたものである.
出所：Nak Nyeon Kim and Jongil Kim, "Top Incomes in Korea, 1933–2010: Evidence from Income Tax Statistics," *Hitotsubashi Journal of Economics*, vol. 56, 2015.

図 2-3　1963～2009 年の韓国の所得集団の平均賃金所得

（1963～1985年）には、すべての所得集団の平均賃金所得が似通った比率で上昇したのがわかる。驚くことに下位90％の賃金増加率は上位10％と同じだった。しかし2番目の時期（1995～2009年）にははっきりと異なるパターンが現れた。上位10％の所得は増加しつづけたが残りの労働者の賃金増加は微々たるものであった。そのうえ上位10％の中でも上位0・1％の所得ははるかに速く増加した。

このように上位階層へ所得が偏る趨勢は、現在のグローバル時代に韓国経済が変化してきた過程と密接な関係がある。まず具体的な面でみると、もっとも重要なのは1980年代後半から韓国経済が徐々に労働集約型から技術・知識集約型経済に変貌した事実である。このような産業転換が起きて自然と高度な技術的力量を有する者たちの価値が上がり、ゆえに彼らの報酬の上昇も速かった。そして1990年代末の通貨危機以後、大企業は以前の年功序列に基づく賃金制度を捨てて成果主義に基づくシステムに変えたが、これは企業内の賃金格差を拡大させる要因となった。これと相まって韓国経済のグローバル化が速く進行して、財閥級の企業は次第に米国式支配構造方式をとるようになり、株式市場で短期的成果を見せることが企業の財政安定と拡張のためにいっそう重要になった。自然とこのような業績を出せる最高経営責任者（CEO）と高度な人材を、最高の報酬とストックオプションで確保しようと努力するようになる[9]。こうしてピケティがいう〈スーパーマネージャー（supermanager）〉、あるいは〈スーパー給与生活者（super salariat）〉が韓国でも生まれたのである[10]。

今日、韓国のスーパーリッチの一つの軸となるのが彼らCEO集団ならば、もう一つの集団は高所得の専門職で構成される。韓国の上位1％に属する人びとの職業構成を分析したホン・ミンギによる

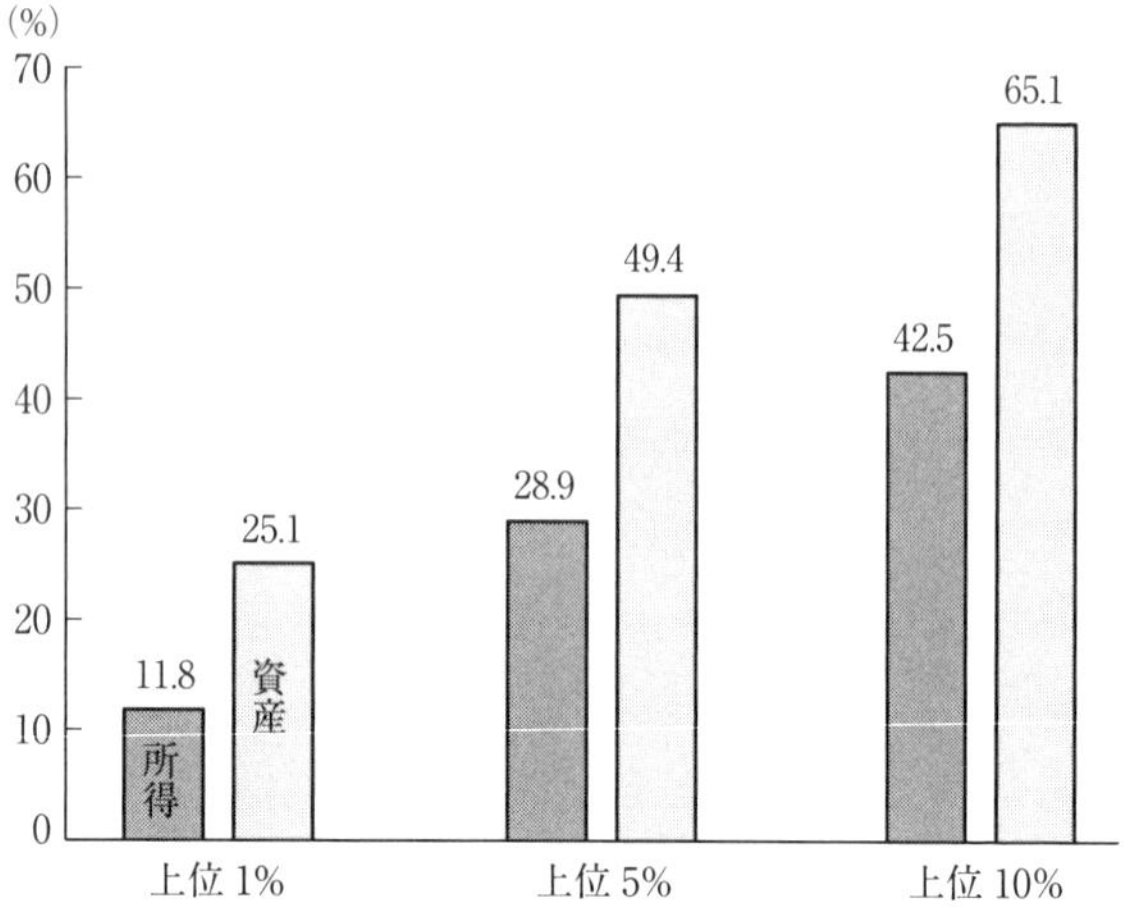

出所：김낙년「한국의 부의 불평등, 2000～2013: 상속세 자료에 의한 접근」『경제사학』40 권 3 호, 2016；「한국의 소득집중도 : Update, 1933～2016」『한국경제포럼』11 권 1 호, 2018.

図 2-4　所得上位集団の所得と資産の比率(2011～13 年)

と、彼らの大部分が医療分野と金融分野の専門職・管理職である。(11) 彼らの中で特に重要な職業集団は医師、薬剤師、そして金融専門職である。おそらく彼らはそれぞれの分野で特別な技術と評判を備えた人びとであり、また被雇用者であるよりは自身が直接運営する事業体を所有している人びとである可能性が高い。金融専門職が最高位の所得集団に浮上するようになったのは比較的最近の現象で、これはもちろん韓国経済の新自由主義化にともなう経済の金融化(financialization)と密接な関係がある。これは新自由主義化を推進したすべての先進国経済で見出せる現象である。(12)

ここまで私たちは所得分配に現れる不平等だけを考慮してきた。だが実際のところ韓国で経済的不平等といえば、資産(wealth)から発生する不平等がより深刻な問題である。だが資産の不平等に関する資料や体系的な研究は、所得の不平等のケースと比べるとはるかに少なくなる。一つ確実なのは、他の国と同じように韓国も資産の不平等が所得の不平等に比べてはるかに大きく存在することである。図2-4はキム・ナンニョンが相続税の情報を利用して近年の資産分配を分析した結果である。(13) この資料によると、2011年から2013年までの期間において最高位1%は国家全体の資産の25・1%を、上位10%は65・1%を所有していた。上位10%が国家資産の3分の2近くを所有しているという事実である。所得についてみると上位1%は国家全体の11・8%を、上位10%は42・5%を稼いだ。上位のすべての集団で資産の不平等が所得の不平等よりいっそう大きく現れたが、この二つの間の差異は最上位1%でもっとも際立っている。

分極化の二形態

私たちはここまで、韓国の不平等がここ20年余りの間に大枠としては分極化の形態をとって現れたのを確認してきた。だがこの分極化は単純に金持ちと貧しい人を分けて、その間隔を広げただけではなかった。それよりはもう少し多様で複雑な形態で発展したのである。先に検討したいくつかの資料が示唆する趨勢は、二つの形態の分極化とみることができる。一つは所得上位層(上位1%、または上位10%)と残りの人口(下位99%、または下位90%)の間に広がる格差である。もう一つは労働市場で現れた正規雇用と非正規雇用、そして大企業と中小企業の労働者の間に発生する格差である。

最初の形態は、所得と財産分配において現れた経済的分極化である。これは新自由主義時代にグローバルに現れる現象でもある。2008年の世界金融危機の余波により米国で起きた〈ウォール街を占拠せよ(Occupy Wall Street)〉運動以後、〈上位1%対下位99%〉というスローガンが流行するようになり、このスローガンは他の多くの社会にも共鳴した。そして多くの著名な経済学者が、最近の著書でしばしばこの現象に注目している。たとえば、ピケティはこの半世紀で多くの先進資本主義国において資本所有者の手に入る利益の配当がどれほど大きく増加したかを実証的な資料ではっきりと示し、ノーベル賞を受賞した経済学者であるスティグリッツ(Joseph Stiglitz)は米国がいかに上位1%がすべてを独占する社会に変貌しているのかを鋭く暴いている。[14] ミラノヴィッチ(Branko Milanovic)は、彼の多くの著書において経済的な分極化現象が先進国経済だけでなく新興開発主義国家でも類似した形態で進行していることを示す。[15] この点では韓国も例外ではなかった。実際に韓国は1990年代後半以降、大多数の国よりさらに急速な所得の分極化過程を経験した。したがって〈上位1%対下位99%〉というフレームは、韓国の分極化現象を捉える際も適切であるといえる。

しかし所得分配のパターンをより詳細に注視すると、この20年余りの間、所得分配の実質的な増加を経験した所得層には上位1%だけでなく上位10%も含まれるという事実がわかる。図2-3にみるように、1995~2009年の期間に上位10%の平均賃金所得はほとんど上位1%と同じような速さで増加した。一方、下位90%は同じ期間に所得の停滞を経験した。したがって、現在韓国で進行する経済的分極化が、一つの地点だけでなく少なくとも二つの地点で成り立っているとみるのが正しいと考えられる。最初の境界線が最上位1%と下位99%を分ける線ならば、二つめの境界線は上位10%と下位90%の間に置かれているとみられる。もちろん、この境界線を明確に指摘することはできないだろう。所得分配や資産分配は連続線上に成り立つもので、ある線で明確な境界線が現れるものではない。上位1%対下位99%よりは、上位0.1%対残りの人口の格差にもっと意味があるとみることもできる。そして上位10%対下位90%とみる代わりに、上位20%対下位80%と分けて考えることもできるのである。このように方法論的な難しさはあるが、それにもかかわらず重要な事実は、この20年余りにわたる経済の変化で恩恵を受けた集団には、少数の金持ちだけでなく、もう少し幅広い集団(上位10%前後)が含まれることである。

二つめの形態の分極化は、私たちが先にみたとおり労働市場の分節化で発生する正規雇用労働者と非正規雇用労働者、そして大企業の労働者と中小企業の労働者の間に広がる所得の差異を意味する。このような労働市場の分極化は、上位10%よりもそれ以下の所得集団の間でより意味あるものとして現れる。労働市場を分節するこの二つの軸は多くの産業、職業集団を貫き、労働者階級と中間階級を内部的に分裂させる結果をもたらした。したがって、労働者階級と中間階級の間の境界線が曖昧になったのである。たとえば財閥企業の正規雇用の生産労働者は、中小企業のホワイトカラー労働者よりもっと安定した職業的な位置で、もっと高い賃金を受け取っているのである。したがって、現在韓国社会で階級の位置を決定する際に職業がかつてのように重要な役割を果たせなくなった。その代わり、どの規模の企業(大企業または中小企業)に、またどの雇用形態(正規雇用または非正規雇用)で就業しているのかがいっそう重要になった。職業の名称だけで階級の位置を判断してきた時代はいまや過ぎ去ってしまったのである。

3章
特権中産層の登場

米国・ブルッキングズ研究所（Brookings Institution）専任研究員であるリチャード・リーヴス（Richard Reeves）は、２０１７年『ニューヨークタイムズ』（２０１７年6月10日）に「金持ちではないふりをやめてください（Stop Pretending You're Not Rich）」という挑発的なタイトルのエッセイを寄稿して多くの注目を集めた。彼がこのエッセイに書いた対象は、現在の米国経済で比較的成功している上位中産層の人びとである。彼は、このところ経済的な分極化と関連してしばしば用いられる〈上位１％対下位99％〉というスローガンには問題があると指摘した。このフレームを用いると経済的な分極化の主犯があたかも上位１％の大富豪だけであるように聞こえるからである。リーヴスは経済的な分極化で恩恵を受けた集団にはトップの大富豪だけではなく、その下にいる所得上位20％の人びとも含まれると主張する。上位１％対下位99％というフレームは、上位20％に属する富裕層をしてあたかも自身が中・下層の人びとと同じ船に乗っているという自己欺瞞に陥らせる効果がある。それだけでなく、富裕中産層は自身の特権的階級利益を維持するために多くの分野で機会独占的集団行為をしているとリーヴスは主張する。

近ごろではリーヴス以外にも多くの研究者が米国の上流富裕層やエリート層に関する研究を発表している。彼らに共通した見解は、現在米国に現れる経済的分極化の受益者はごく少数のトップの大富豪だけでなく、すぐその下の層にいる裕福な家庭と専門職・管理職エリートも含まれるということである。そして、この新興富裕層と一般中間階層は経済的にも社会的にもだんだんと距離が広がっている点である。結果として中間階層への圧迫は次第に強くなり、社会的上昇移動の機会は失われている。これらの研究は本書で取り上げる問題と直接的な関連があるので、詳細にみていく必要がある。そこで、米国の文献ともう一つのケースとして英国の文献を検討し、欧米の先進国と韓国の間の類似性と差異を通じて韓国の新興富裕中産層の階級的性格を究明することにしよう。

新上流中間階層

リーヴスは先に紹介した『ニューヨークタイムズ』のエッセイを発表した年に単行本『夢を買い占める人びと(*Dream Hoarders*)』も刊行した。この本でも彼は、〈ウォール街を占拠せよ〉運動が流行させた〈上位1％対下位99％〉のフレームが社会運動のスローガンとしては魅力的かもしれないが、現在の米国で進行している経済的分極化を正しく把握できないと批判する。彼は「経済的に勢いづく人びとは〈上流階級〉だけではない。それよりもっと広い層の米国人が成功していて、[中・下層と――引用者]自身を分離させている」と主張した。[1] 彼の分析によれば、この40年余りの間の所得分配を調べると上位20％は下位80％と異なり所得が着実に増えた。所得増加の趨勢を反映するように、彼らの住環境、余暇生活、医療サービス、子どもの教育等、さまざまな面における水準もやはり大きく向上した。反面、下位80％の人口は所得と生活条件においてみな後退を経験した。リーヴスは上位20％に属する家庭を〈新上流中間階層(the new upper middle class)〉と命名した。

リーヴスが新上流中間階層に注目した理由は、彼らが単に経済的に優越した位置にいるだけではなく、自身の階級的特権(privilege)を維持するためにさまざまな階級的行動をしており、これが社会を分裂させる結果をまねくと確信するからである。そのような行為を彼はチャールズ・ティリー（Charles Tilly）が最初に提案した〈機会の買い占め〉または〈機会独占〉という概念を用いて説明した。リーヴスの定義によると、「機会の買い占め（opportunity hoarding）は、価値があり限定された機会を不公正な方法で獲得する行為である。これはある意味では市場を自身の利益にかなうように搾取する行為といえる[2]」となる。リーヴスは米国社会に現れるこの機会の買い占めの代表的な例として、次の三つを提示する。一つめは居住地における排他的な領域の構築、二つめは名門私立大学の入学プロセスで用いられる同窓子女優待選抜制度、三つめはインターンシップの機会の非公式的配分等である。

この三つのうち、米国でもっとも深刻な問題は土地使用制限法（zoning laws）であろう。米国の土地使用制限法は、根本的に上流富裕層に彼らの排他的な住居地域を形成する権利を与え、その地域のイメージを損ないうる建築物や産業行為等を法で禁止する装置である。そうすることで富裕中間階層は彼らだけの同質的な住居地域を形成して、その地域の中により快適な環境、何不自由ないサービス施設、そして何にも増してよい学校を維持できるようになるのである。公立学校が大きな比重を占める米国では学区が大変重要だが、これは住居地域の経済的な位相と直結する。富裕層が暮らす地区に一流の学校があれば、当然その地域の不動産価格も上昇するようになる。それはどこの国も同じである。だが、リーヴスが指摘するのは、米国の租税制度がこのように高価な地区に住む人びとの住宅ローン（mortgage）の利子に対する税金を減免することで彼らを助けている点である。

リーヴスはもともと英国出身で米国に帰化した人なのだが、彼が特に関心を寄せた米国の制度は有名私立大学の同窓子女優待選抜制度（legacy policy）である。この制度は、大学が卒業生の子女を入学者選抜プロセスで特別に優遇する制度である。リーヴスが指摘するように、英国のケンブリッジ大学やオックスフォード大学等、一流の大学ではそのような制度が廃止されて久しい。ただ米国でのみそのような制度がいまだ維持されているのは、不思議なことといえる。確かに、米国中上層の独特な機会蓄積現象の一つの例というに値する。

米国の新興貴族

リーヴスの本が出版された翌年に、マシュー・スチュアート（Matthew Stewart）という別の研究者が『アトランティック』誌に「米国の新興貴族の誕生（The Birth of the New American Aristocracy）」というタイトルで長いエッセイを発表した[3]。リーヴスと同じように、彼は米国の不平等問題について語ろうとするならば、最上流階級だけでなく、その下に登場した新しい特権階層にも目を向ける必要があると主張する。米国でトップの富裕層は上位0.1％に属する人びとであるが、そのすぐ下の9.9％に属する人びとがやはり少なくない富と特権的機会を享受する集団なのである。スチュアートはこの上位9.9％が米国の〈新興貴族（new aristocracy）〉として登場したという。なぜなら、彼らは一般市民とは厳格に異なる生活様式と特権的機会を享受するのはもちろん、そのような機会を子どもたちに授けているからである。彼がいう上位9.9％はさまざまな面で一般中間階層と対照をなす。彼の描写によると、「私たち9.9％は安全な地区に暮らしていて、［子どもたちは――引用者］よりよい学校に通い、通勤時間は短く、高品質の医療サービスを受け、またいかなる場合でも必要ならばよりよい監獄で刑期を過ごすこともできる。また私たちを新しい顧客に紹介してくれたり、私たちの子どもに有利なインターンシップを斡旋してくれる友人もたくさんいる」。

リーヴスとスチュアートが上流所得集団を規定する方法には違いがみえる。リーヴスは所得上位20%を一般中間階層と分離して新上流中間階層と呼び、スチュアートは(上位10%から最上位の0.1%を除いた)上位9.9%を新興貴族と規定する。だが2人がともに強調する現象は、この30年余りの間に米国で経済的不平等が高まるなかで、恩恵を受ける集団は最上位層に属する上位1%や0.1%だけではなく、その下に登場する上位高所得集団も含まれる点である。彼らを新興貴族と呼ぼうとも新上流中間階層と呼ぼうとも、重要な事実はこの集団が経済的な面だけでなく社会的・文化的な面においても一般中間階層と次第に格差を広げていることである。それと同時に、新しい上流集団はリーヴスが指摘するように、機会の買い占めを通じて他の一般大衆が得るはずの機会までも独り占めしようと努力する。

能力主義エリート

近ごろ出版された重要な著書は、イェール大学ロースクールの教授であるダニエル・マルコヴィッチ(Daniel Markovits)が書いた『能力主義の罠(*The Meritocracy Trap*)』(2019年)である。この本は米国の中間階層ではなく、新しいエリート層を取り上げている。だがマルコヴィッチの主要な関心は、本のサブタイトルが暗示するように、「米国の基盤となった神話がいかにして不平等を芽生えさせ、中間階級を解体して、エリート層を食い荒らしているのか」である。彼の主な論旨は、能力主義という理想(すなわち社会経済的報酬が血統ではなく能力と成果に基づかなければならないという信念)が米国では一つの市民宗教のようになって、米国のエリート階級が形成されるに際して決定的な要因として作用しているということである。マルコヴィッチは能力主義が現在、米国社会のエリートの性格を決定づけていると主張する。能力主義エリートは、たいてい最高峰のエリート大学を出て米国の資本主義の核心分野で専門的な技術者や管理者として働く集団である。彼らの特徴は、他人より飛び抜けて一生懸命に長時間働き、その対価としてかつてない高い水準の報酬を受けることにある。マルコヴィッチによると、能力主義は二つの面でエリート形成に重大な影響を与えた。一つめは教育プロセスに及ぼした影響である。能力主義は、教育プロセスをエリート層に入るための熾烈な競争の場に仕立て上げ、エリート大学とそれ以外の大学の差を広げた。二つめとして、能力主義はエリート労働者に非常に高い報酬が支払われるようにすると同時に、彼らの労働を飛び抜けて労働強度が高くストレスの多い労働へと転換させた。

マルコヴィッチは、能力主義エリートの浮上が他の階層にいかなる影響を及ぼしたのかについても多くの関心を示す。彼の主張にしたがうならば、「能力主義は中間階層の子どもたちを劣った学校に送り込み、中間階層の労働者を先がなくしがない職に送る。そのようにして市民の大多数を社会の隅に追いやるのである」[(4)]。彼が指摘するように、20世紀中葉までは米国社会の中枢は中間階層であって、富裕層もこの多数の中間階層に自然に統合されていた。だが今日の能力主義は社会を二つに分けている。金持ちと一般中間階層は、彼らが働く職場だけでなく、暮らす住居地区、ショッピングする場所、好んで訪れるレストラン、余暇を過ごす場所、はなはだしきに至っては日曜日に通う教会までもそれぞれ異なる。そのため能力主義エリート層の浮上は、中間階級の没落と密接な関係があるというのがマルコヴィッチの主張である。

具体的に誰が能力主義エリートというカテゴリーに属するのか。マルコヴィッチは正確な定義を避けつつも、おおよそ国民所得上位1％に該当する人びとがこの集団の核心を形成し、加えて彼らを取り囲んでいる人びと（上位5～10％所得層）が広く捉えて能力主義エリートのカテゴリーに属するだろうと暗示する。職業としては大企業の高位管理職、ヘッジファンドマネージャー、有名な専門医、経営コンサルタント、大手法律事務所のパートナー弁護士のような人びとがこのグループに属する。

上昇志向階級

米国で新たに浮上したエリート階層にアプローチするもう一つの方法は、この集団の文化的側面を強調するものである。エリザベス・カリッド＝ハルケット（Elizabeth Currid-Halkett）が２０１７年に出版した著書『小さなものの総和――上昇志向階級の理論（*The Sum of Small Things: A Theory of the Aspirational Class*）』が代表的である。この本は、今日の米国に登場した新しい形態の上流階層が経済的地位よりは生活様式や文化資本によって他の階層と区分されるという。カリッド＝ハルケットは新たに登場した上流層を〈上昇志向階級（aspirational class）〉と命名した。いささか聞きなれない概念ではあるが、著者の説明によると「この新しい階級は何より共通の文化資本を通じて定義される。すなわち、彼らは同一の言語を用い、似通った知識を習得して、同一の価値を共有するが、これらのすべてが彼らの集団的意識を形成するのである」(5)。したがって、彼らは互いに同じような知識と情報を交換して分相応な対話の相手となる。

消費による身分競争ももちろん重要だが、カリッド＝ハルケットが強調するのは今日の金持ちがヴェブレン（T.B. Veblen）が論じた有閑階級とはかなり異なる方式で消費に臨んでいる点である。以前と異なり今日は身分競争に用いられる多くの誇示的財貨が大衆化されたため、富裕層はできるだけ一般中間階層の手に届かない財貨で自身の身分を誇示しようと努力する。それゆえ富裕層はありふれた誇示的な贅沢品よりは、自身と家族にとってもっと実質的に役に立つ品物とサービスをたくさん確保しようとする態度を取る。たとえば、子どもたちの私教育、家事代行サービス、庭師、高級医療サービス、海外旅行、退職後に備えるための保険等に多く支出する。そして、このような生活様式に必要なものには、金銭的余裕だけでなく高度な情報と文化的知識が含まれる。カリッド＝ハルケットが論じる上昇志向階級と一般中間階層の階級的差別化は、このように所有する文化資本の違いによってつくられるのである。

英国のエリート階層

米国の研究が提示する階級構造の変化は、他の先進資本主義社会でも類似したかたちで現れている。ここ最近発表された英国の重要な階級研究がよい比較材料になるだろう。２０１０年代初めに英国の著名な社会学者マイク・サヴィジ（Mike Savage）の率いる研究チームがＢＢＣのバックアップを受けて大規模調査（Great British Survey、回答者数16万１０００人）を実施して、その調査結果を共著者とともに『21世紀の社会階級（*Social Class in the 21st Century*）』（２０１５年）として刊行した。この本で著者らが提起したもっとも重要な主張は、英国社会が少数のエリートと多数の不安定な階層にはっきりと二分されていて、その二つの大きな集団の間に多様な中間集団が存在することである。分極化の二つの軸をなす集団を、サヴィジらは〈エリート(elite)〉と〈プレカリアート(precariat)〉と呼ぶ。

エリート層の上には英国の伝統的な上流階級が存在するが数も極めて少なく、また経済的にも政治的にも大きな影響力を発揮できない象徴的存在である。その代わりに、経済的・政治的エリートは近年に入っていっそう彼らの富と特権的地位を強化してきた。サヴィジの説明によると、「私たちの社会のエリートは、多くの評論家がいう〈1％〉とは異なるといえる。私たちが論じるエリート集団はそれよりはずっと規模が大きく、人口の約6％を含む[6]」。このエリート層に属する人びとは大企業のCEO、金融マネージャー、マーケティングおよびセールスマネージャー、エリート専門職等である。彼らはマルコヴィッチが論じる米国の〈能力主義エリート〉とほとんど同一の集団とみることができる。サヴィジの研究チームの調査によると、英国の富裕エリートの大部分はロンドンやその郊外に住み、学校も名門大学出身者が大部分で先端経済分野に配置されている。研究チームは彼らを伝統的な上流階級と分けて〈富裕エリート(wealth elite)〉または〈一般的なエリート(ordinary elite)〉とも呼ぶ。

英国でエリート層がますます強固になって中間階層と分離していく現象は注目に値する。彼らの分析によると、分極化する英国の階級構造の中間地帯には一つの中間階級が存在するのではなく、二つの少し異なる性格をもつ中間階層が存在する。〈伝統的な中間階層(the established middle class)〉(25％)と〈技術系中間階層(the technical middle class)〉(6％)がそれである。二つの階層を合わせても人口の3分の1に満たないと推定される。それ以外に新たに登場する〈新富裕労働者層(new affluent workers)〉(15％)も一種の中間階層の性格をもつ集団である。ともあれ、英国の分極化で頂上の富裕エリート層と底辺の不安定階層、すなわち〈プレカリアート〉（15％）がはっきりと分かれ、中間階層はその中間地帯で内部的に分化して経済的にも社会的にも不安定な位置を占めるようになった。

韓国における富裕層の浮上と固有性

この20年余りの間に韓国で現れた経済不平等の進行と上位階層への富の集中という現象は、先にみた米国・英国のパターンと大きく違わない。米国・英国と同じように韓国でもここ最近になって所得と財産の不平等が急激に拡大し、そのなかでもっとも多くの恩恵を受けた集団が最上位である所得上位1％だという点である。この最上位層は、所得よりは資産がいっそう著しく増大した集団である。経済的なピラミッドの頂点へ上っていくほど労働から受け取る所得より資産増殖による富がより大きな割合を占めるのは、すべての社会に共通する現象である。またその一方で重要なのは、韓国でも金持ちではないがその下にいる上位10％程度の人口もまた、この20年余りの間に注目に値する所得の増加を経験した事実である。したがって、リーヴスが強調したように経済的な分極化を〈上位1％対下位99％〉というフレームだけでみるのは適切ではない可能性がある。なぜならそのフレームは、最上位層の下で進行する他の形態の分極化が見過ごされる結果をもたらすからである。

2章でみたように、韓国ではこの20年余りの間に不平等が深刻化するなかで、上位10％と残りの人口の間に非常に大きい格差が生まれた。1990年代末の通貨危機以後、韓国経済が技術的に進歩しグローバル化するなかで、新しい体制に必要な知識と技術を備えた少数の労働者と残りの一般労働者とで経済的報酬が大きく異なるようになったのが重要な要因である。また、輸出市場中心の大企業と国内市場中心の中小企業の間に賃金格差が広がったのも原因であった。このように、急激に変化してきた経済体制において恩恵を受ける労働者が上位10％だけだと断定することはできず、上位20％の労働人口もある程度は経済発展の受益者とみることができる。だが所得だけでなく、資産所有まで合わせて考えると上位10％が当然優位にあるとみられる。まず、平均所得だけでもかなり大きな差が出る。統計庁の家計動向調査によると、2018年現在上位10％の家計所得は年に1億1520万ウォンで、上位20％は年に8500万ウォンである[7]。

〈不動産階級〉

ここまで私たちは、新たに浮上する富裕中産層を主に所得分配の分極化現象と労働市場に現れる分節化過程を通じて理解しようとしてきた。だが、韓国の富裕階層の形成と中産層の内部分化を正確に理解するためには、職業と所得分配に現れた不平等だけをみていては不十分である。なぜなら、韓国で上流層、または上流中産層に入るにあたっては、職業を通して得る勤労所得以外の不労所得が重要な役割を果たしてきたからである。特に、不動産による資産形成は多くの富裕層家庭にもっとも大切な物質的基盤を提供した。『不動産階級社会』において著者ソン・ナック(Son, Nak-Gu)は、「韓国で経済的能力や社会的地位は不動産資産をどれだけ所有しているかによって決定される」と主張する[8]。世間でよく言われる「私たちの国の金持ちはほとんどすべてが不動産で金を稼いだ人たちだ」という話は、けっして間違ってはいないだろう。実際、金持ちだけでなく多くの中産層家庭も不動産によってその地位を確保できた。2013年に出版された『マンションゲーム——彼らが中産層になれた理由』において、パク・ヘチョン（Park, Hae-Cheon）は１９７０年代以降に起きた三度の不動産バブルがいかに中産層家庭の運命を決定したのかを的確に示している。彼が主張するように、「経済開発の成果が具体的に現れた１９７０年代以降、中産層を夢見た社会の構成員の相当数は、このバブルを何度経験したかによって、そしていかに対応したかによって、彼らの〈家〉と〈階層〉が決定された」[9]。不動産バブルは２０２０年代まで続いており、ここ最近では家を2戸以上所有する富裕層と１戸だけ所有する家庭の格差がより大きくなっている。

　不動産による資産蓄積に関して詳細な資料を探すのは難しい。だが、いくつかの有用な資料を通じて次のようなパターンを見出せる。まずソン・ナックが提供した資料によると、１９６３年から２００７年の間にソウルの地価は１１７６倍、他の大都市の地価は９２３倍に上昇した。同じ期間で都市労働者の実質所得は15倍に増加した。したがって、ソウル以外の大都市の地価は実質所得の60倍以上、ソウルの地価は70倍以上上がったというわけである[10]。もう少し新しい資料も類似した趨勢を示す。経済正義実践市民連合（韓国の代表的な市民運動団体）が２０１７年に発表したところによると、「１９８８年以来、労働者の平均賃金が約6倍上昇したのに比べ、ソウルの江南圏（江南区、瑞草《ソチョ》区、松坡《ソンパ》区）のマンション価格は賃金の上昇値の43倍、非江南圏では19倍に上昇した」[11]。この事実は、職業を通じた勤労所得より不労所得による資産蓄積がいかに重要かをよく示している。不動産バブルで恩恵を受ける人口は、所得階層別にはっきりとした違いが出る。経済正義実践市民連合が発表したもう一つの資料によると「１９６４～２０１５年に上昇した地価６７０２兆ウォンのうち、上位１％が２５５１兆ウォン（38・1％）、上位５％が４３９１兆ウォン（65・5％）、上位10％は５５４６兆ウォン（82・8％）を得た」[12]。金持ちの財産増殖は1980年代までは土地所有を通じて急速に成し遂げられ、それ以降はマンション所有がいっそう重要な役割を果たした。不動産全体の所得階層別分布をみると、上位10％の平均不動産純資産（住宅ローンとチョンセ保証金等を除外）は7億8000万ウォンであり、上位10～20％では3億6000万ウォンである。[13] ソウル地域の不動産価格の上昇による恩恵をもっとも多く受けた層は、上位10％である。たとえば2016～2018年の間に上位10％の不動産純資産は4・6％増加した一方、上位11～20％は2・9％の増加だった。ここでみられるように、上位10％は上位20％と比較して勤労所得より財産所有においていっそうはっきりとした違いを呈する。

ならば、もう少し具体的に、不動産で多くの資産を蓄積した人びとは誰なのか。これに関する資料はいっそう手に入れがたく、正確な資料によって立証するのも難しいが、おおよその輪郭はよく知られている。彼らは投資する資本をある程度所有して、不動産市場の流れに敏感で、また必要な情報にアクセスできる人びとである。もちろん、先の半世紀、またはそれ以前から不動産による恩恵をもっとも多く受けた集団は、財閥である。パク・ヘチョンによると、「1989年末に国内30大財閥が所有した不動産の総面積は約1億4000万坪で、ソウル市の70％を超える規模であった」[14]。韓国の不動産市場の動向を誰より鋭く暴いたソン・ナックの言葉によると、「投機の主役は資金動員力が非常に強い財閥企業であり、これらは官僚ネットワーク・政界・言論界・御用学者等と〈不動産五盗賊〉を形成して、投機で不労所得を手にする不動産投機の食物連鎖の頂点にいる」[15]。その次は、政治家とキャリア官僚である。パク・ヘチョンの報告によると、「実際に相当数の長・次官級の公職者が2戸以上の住宅を所有し、検察の高級幹部の一部は開発情報を利用して京釜《キョンブ》高速道路（1970年に開通したソウルと釜山《プサン》をつなぐ高速道路〕一帯の土地を投機目的で買い入れた。国会議員とその家族が保有している全国の土地は、すべて合わせると800万~900万坪で汝矣島《ヨイド》〔漢江《ハンガン》の中州にあるエリア。韓国の政治・経済の中心地〕の10倍にもなる広さであった(16)」。

だが、不動産によって恩恵を受けた人びとは、けっして財閥や権力者だけではなかった。経済的な余裕がある多くの中産層家庭は、1980年代以降のマンションブームで財産を増やすことができた。これは江南開発と密接に関連しており、次の章でもう少し詳しく議論する。以前は、不動産投機で金持ちになった人びとをしばしば成金と呼んだ。金はたくさん持っているが、道徳的な面や学識の面で劣る新興の富豪を指す言葉であった。だが2000年代になると、マンション市場で収益を多く得る人びとの中には専門的な不動産投資家だけでなく、大企業の高所得サラリーマンや高度な専門職に就いている人びとが増えた。多くの場合、彼らの家庭の経済的な基盤は、彼らが職業を通じて得る高額の賃金より不動産投資で得る所得がより大きな比重を占める。同じように、弁護士や大学教員も、どの地域で、どのくらいの規模のマンションに住んでいるのかが重要になってくる。なおかつ賃貸用マンションを1~2戸持っている場合、経済的な位置はいっそう変わってくる。韓国の上流中産層が不動産蓄財を通じて形成されたという主張が説得力をもつ理由は、ここにある。

階級的な正当性の欠如

このような理由から、韓国の上流層は道徳的にもイデオロギー的にも真の上流階級を形成できずにいる。韓国の上流階級といえる財閥集団はもちろん、新たに登場した新興富裕中産層に対する一般大衆の視線は極めて否定的であり批判的である。彼らが享受する特権的な位置が、権力や不動産投機等を通じて形成されたという認識が社会の隅々にまで及んでいるからである。韓国の資本家階級は西欧とは異なり、自力で成長できず国家の統制や保護下で企業を発展させ、国家権力と親密な関係を維持することによって特別な恩恵を受けてきた。それだけでなく、大部分の財閥企業は先に論じたとおり、スタンダードな企業活動のほかに不動産によって途方もない資産を蓄積したのである。

資本家階級の下にいる上位10％程度の富裕層は、大部分が高学歴で名門大学出身者が多い。彼らは米国の富裕層と同じように、能力主義イデオロギーで自分たちの優越的な地位を正当化できるだろう。だが、いまだに彼らをマルコヴィッチが論じる〈能力主義エリート〉と呼ぶことはできない。なぜなら先に指摘したように、韓国の富裕層の中には不動産や権力に依拠した地代（rent）を通じて財産を蓄積した人びとが多いからである。そして最近では、高所得者が不動産だけでなく株式を通じて財産を増やしていく機会が拡大する趨勢にある。このような機会はおのずと、高収入と高資本収益を得ることのできる集団とそのような機会構造から締め出された大多数の中産層との格差を広げる結果をもたらす。ともあれ、富裕層の特権的地位が彼らの専門的知識や職業的地位だけでなく、彼らがこのような位置を利用して創出する不労所得に大きく依存しているという認識が社会に蔓延した結果、韓国の新興上流層は能力主義エリートとしての階級的な正当性をいまだ確保できないのである。

韓国の上流層はこのように道徳的な正当性を欠くことによって、特権的な機会を追求する方法において米国と興味深い差異を生み出す。リーヴスが論じるように、米国の中上層は土地使用制限法や同窓子女優待選抜制度、または学資積み立てに対して税金を減免する貯蓄制度（Plan 529）などをつくって、合法的に自分たちの階級的利益を確保している。そして、総じて米国の一般大衆は、このような制度が不公正であると認識することはない。だが、同様の制度を韓国でつくろうとするならば、大きな抵抗にあうだろう。それゆえ韓国では、少なくとも今日まで税制以外は上流層に対する特権の制度的な保障があまり発達しなかったようである。米国の同窓子女優待選抜制度のような制度は想像もできないことである。そのような面で、おそらく韓国は米国よりも民主主義的だといえる。だが問題は、まさにそうだからこそ、権力と金のある人びとが非合法であり非倫理的な方法で自分の利益を追求する事態がしばしば起きるという点である。たとえば、よい学区に子どもを入れるために居住地の偽装転入をしたり、子どもを軍隊に入れないですむように虚偽の医療証明書を作成するケース等は、高位公職者の任命のたびにあまりにも頻繁にさらされる韓国式の機会蓄積の小さな例であろう。２０１９年にもっとも注目を集める社会的イシューとなった曹国前法務部長官の娘の不正入学をめぐる事件も、そのうちの一つである。

このように、さまざまな面において韓国の上流中産層の道徳的・イデオロギー的問題点が現れているにもかかわらず、昨今、韓国経済の構造に重要な変化が起きていることに注目する必要がある。経済体制が知識・技術集約型産業を中心に進化して世界資本市場に深く組み入れられると、職業構造も大きく変わった。グローバル化した経済体制が必要とする高度な専門技術職、管理職、経営者の数が著しく増え、彼らはオートメーション化によって容易に代替されうる一般事務職とは大きく異なる待遇を受けるようになった。商業とサービス分野でも、創意的で洗練されたアイディアと技術の習得をもって高所得を得る専門家が登場している。このような変化にしたがって富裕層の人的構成も変わってきて、これまで金持ちといえばしばしば人びとが思い浮べた〈成金〉というイメージは次第に薄まる傾向にある。今日の企業エリートと専門職は学歴が高く、その中の多くは海外の大学院で学位を取得して戻ってきて、米国の能力主義エリートに劣らず非常に一生懸命働く。したがって、彼らは自身の優越した階級的位置を、高い教育水準、才能、勤勉な労働のような能力主義的価値を通じて正当化できるようになった。このような傾向が続く場合、韓国の富裕中産層も米国のエリート層と同様に、能力主義イデオロギーによって自身の階級的位置を確実に定着させることができるだろう。

新興中産層の権威と正当性に資するもう一つの要素は、〈グローバル化〉である。韓国が1990年代後半以来積極的に追求したグローバル化が、不平等を助長したのはよく知られた事実である。グローバル化の波への適応に成功した者とそれができなかった者の間には、非常に大きな経済格差が広がった。グローバル化は経済的な不平等だけを拡大させたのではなく、その不平等が社会的、あるいは文化的に転換されるように手助けする役割も果たす。韓国経済の市場全面開放によって多様な消費財、ファッション、娯楽、レジャースタイルが国内に入ってくるようになり、海外旅行が自由にできるようになり、教育の機会がグローバルな教育市場に拡大された。そのため、グローバル化された消費財市場と教育市場にいかなる形式で参入するかが今日の富裕中産層と一般中産層を分ける尺度になった。外国から輸入される各種のブランド品、健康食品、化粧品、高級家具、レジャー商品等は、富裕層の生活様式をより豊かなものにしている。また教育市場のグローバル化は英語と海外留学経験の重要性をいっそう高め、経済的余裕がある家庭の子どもたちにいっそう確実な競争力を与えた。グローバル市場の新たな機会構造に積極的に参入して恩恵を受けられる人的・物質的資産を備えた集団とそのような資源を欠いた集団の格差が広がるのは当然である。そして、この格差は富裕中産層と一般中産層の間にもっともはっきりと現れている。このように、グローバル化は中産層内部の階層分裂を促進する重要なメカニズムとなるわけである。そのような意味で、私は韓国や他の新興開発主義国家に新たに登場した上流中間階層を〈グローバル中間階層(global middle class)〉と呼べるという主張を以前論文で開陳したことがある。[17] だが、韓国で新たに登場した富裕中産層の特徴をグローバル化の側面から強調するのはそれほど適切でないかもしれない。韓国では上流中産層だけでなく、中産層全体がグローバル化の趨勢に深く影響されているからである。彼らの消費形態や趣向、態度、そして追求する理想等、すべての面でグローバル化はいまや社会全体の主流パターンになった。そのため、グローバル化する形態や内容の面において階層間の違いはもちろん厳然と存在するが、それだけでは新興中産層の特徴を述べられないようである。

特権的階層に対するアプローチ方法

先にみたように、現在多くの資本主義先進国で現れている重要な現象は、経済的な不平等が進行するなかで新たな特権的階層が登場したということである。彼らは最高位の資本家層の下にいながら、一般中間階層とは経済的・社会的に格差が大きい新興富裕層である。その集団を具体的にどのように定義するのかについては、研究者の間で共有された見解がまだ存在しない。先にみたように、リーヴスは所得上位20％を下位80％と区別して〈新上流中間階層〉と定義し、スチュアートは上位9・9％を指してアメリカの〈新興貴族〉と称した。マルコヴィッチはもう少し小さい規模の専門職・管理職集団を選定して〈能力主義エリート〉と呼んだ。彼はこの集団の規模を正確には記述しなかったが、およそ5〜10％と推算した。サヴィジもマルコヴィッチと似通った側面から英国に新たに登場した上流層を〈富裕エリート〉と呼び、その規模をおおよそ人口の6％と推定した。

先の章で私は韓国の所得上位10％を富裕中産層とみるのが有意義であると考え、その主な理由として所得面と財産面で彼らと下位90％の格差が大きく広がる点を挙げた。だが、実際に上位10％と下位90％の間に明白な境界線が存在するのではない。ある面では上位20％まで含めて中産層としてみることも意味がある。また上位10％の中でも上位5％程度に属する人びとの所得がより速く上昇した[18]。所得と資産を同時に考慮して上位10％を上位層と区分するならば、この階層集団はリーヴスがいう〈新上流中間階層〉となるだろう。仮に5％で線を引くならば、マルコヴィッチやサヴィジのように〈能力主義エリート〉または〈富裕エリート〉という名称を用いることもできるだろう。この点に関して明確な判断をしようとするならば、これからもっと多くの関連資料が収集されなければならない。しかし現在のところは、韓国に新たに登場した比較的豊かで、経済的、あるいは社会的に一般中産層よりいっそう多くの特権的な機会を享受できる集団をおよそ上位10％の集団と推定して、彼らを〈新上流中産層〉（略称〈新中上層〉）、または〈特権中産層〉と呼びたい。〈新上流中産層〉という名は彼らが占有している経済的・社会的位置を基準として規定するものであり、〈特権中産層〉というのは彼らがその位置で享受する特権的な機会を強調し区分して捉えるものである。

さまざまな面において新中上層のもっとも重要な特徴は、彼らが特権的な機会を享受する階層という点である。私がここで特権というのは、単に政治権力的なことを意味するのではない。それよりはもう少し広い意味で、英語の〈privilege〉と同じ意味を内包する。〈privilege〉は単に政治権力を用いる行為だけでなく、経済的・社会的・文化的な分野で他者が簡単に謳歌できない機会を享受することを意味する。韓国社会において新中上層が一般中産層と区別されて享受できる特権的な機会は、さまざまな分野で現れる。まず、彼らは労働市場で特権的な位置に置かれている。新中上層の構成員は、大部分が安定した職業と常に賃上げが保証される一次労働市場に就業している。その中の多くの者は高度に発展した資本主義経済で要求される高度な技術を所有している。そのため、彼らは大企業が採択した新自由主義的な成果主義賃金体系の受益者である。そして大企業の生産職の中で強力な労働組合に所属した労働者は、一般事務職よりずっとよい賃金を得て雇用を保障される特権的労働者の位置にいる。

新興富裕層に譲り渡された特権的な機会は、日ごと成長する消費市場とサービス市場でいっそう可視的に現れる。資本主義の進展にしたがって発達した消費市場は、主に豊かな消費者を対象にあらゆる種類の高級品とサービス商品を提供する。お金がたくさんあれば、住宅、室内家具、自動車、衣類、食べ物、医療サービス、レジャー等、さまざまな面でより豊かな生活を楽しめる。このようなこともすべて特権的な機会(privilege)とみることができる。過去の金持ちはたとえ金を多く持っていても、こうした機会が極めて少なかった。国内市場の未発達が理由でもあったが、国家の統制のためでもあった。だが輸入市場の完全な自由化はあらゆる高級な商品を国内にもたらし、グローバル化が進展するなかでサービス市場でも先進国水準のさまざまな高級サービスが提供されるようになった。商品市場やサービス市場のすべてがもっとも購買力が高い顧客を一般の顧客と区別して、彼らの興味を惹く消費をつくりつづけ、またアップグレードしている。したがって、市場は次第に富裕層のための上流層市場(upscale market)と庶民層のための庶民市場(downscale market)に二分されていく趨勢である。マルコヴィッチは、米国では富裕層と一般中間階層がショッピングする場所をはじめ、彼らが好んで通うレストラン、美容室、フィットネスクラブ、ゲームセンター、結婚式場等、さまざまな面ではっきりと市場が二分化したと観察する。韓国でも同じ現象が見られる。そうして富裕層は目に見える生活条件だけがぜいたくで高級なのではなく、実質的な生活の質においても大きく向上した水準を享受するようになった。まさにこれが生活全般に現れる特権的な機会といえる。

階級特権がもっとも鋭敏に現れる領域は、他でもない教育分野であろう。いわゆるまっとうな職場に就職するためには、米国でも韓国でも名門大学の卒業証書が以前よりいっそう重要になっている。子どもをよい学校に通わせるためには、両親がよい学区に居住地を定めることがいっそう必要とされるようになった。韓国のように私教育が重要な役割を果たす国では、両親の財政的能力が子どもの教育に与える影響が他の国よりも大きい。豊かな家庭では子どもに幼稚園からネイティブスピーカーによる英語教育を受けさせることに始まり、大学入試まで高額な私教育を受けさせ、また第一級の受験コンサルタントを雇って一流大学の入試戦略を練ることもできる。そして子どもが国内で名門大学に入学できないと判断されれば、早い段階で海外留学させることもできる。このすべてが重要な階級特権である。

したがって、私は本書で新たに登場する韓国の上流中産層に、彼らが享受し、また競争の中で追求する特権的な機会の側面からアプローチしてみようと思う。彼らが特権的な機会を享受できるのは、現代の資本主義市場がその機会をつくり出しつづけているからである。21世紀の資本主義市場は、当然経済的に圧迫されていく中・下層消費者よりは所得と資産が膨れ上がる富裕中産層をいっそう優遇して彼らから多くの利益を得ようとする。それゆえいっそう大きく、いっそう高級なマンションを建て、いっそう高級なブランドものの服と装飾品を生産して、いっそうバラエティに富んだラグジュアリーなレジャーの機会を提供して、いっそう多様なVIPサービス商品を紹介する。それだけでなく、拡大された私教育市場が公教育を圧倒する状況で、よい教育が受けられる機会自体が次第にこれまで以上に居住地の所得水準別に階層化されていく。このような資本主義市場の構造変化の中で、新興富裕層はできるだけ特権的な機会を多く所有したがると同時にその機会を子どもたちに譲り渡そうと努力する。だが米国のエリート層とは異なり、韓国の新興富裕層はいまだ彼らの特権を担保するだけの道徳的正当性はもちろん、制度的な仕組みを構築できていない状況である。そのため非合法的な手段がしばしば動員されるのである。したがって、多くの社会的な軋轢と不安が発生している。特権的な機会から除外された多数の国民は、家計の事情と関係なく富裕層の消費水準と教育戦略に追いつこうと努力する傾向がある。その結果、経済的な不安を深めていき、強い挫折感と相対的剥奪感をいだくようになる。結果的に上流中産層、一般中産層ともに、種類は異なるが同じ程度の不安を抱え生きていくしかなくなる。

4章
江南スタイル階級の形成

２０１２年に発表された歌手ＰＳＹのグローバルなヒット曲「江南スタイル」のおかげで、江南は世界的によく知られた地域になった。外国を旅行していると、江南はどこにある場所で〈江南スタイル〉というのはどういうものなのかと尋ねてくる人に時折出会う。〈江南スタイル〉とは何なのか、うまく説明できる人は韓国人の中でも多くはないだろう。何かモダンで洗練されていて、いわゆる〈ヒップ（hip）〉で〈クール（cool）〉であり、やや快楽的なライフスタイルを全部ひっくるめて意味するようだと答えるしかない。ところで、どうしてこのようなライフスタイルが江南という地域と関連をもつようになったのだろうか。もちろん〈江南スタイル〉はＰＳＹや大衆メディアがつくり出した文化的な概念（記号）に過ぎず、実際の江南とは関係がないのかもしれない。だがわずか数十年の間に広々とした野原に新たにつくられた超現代的都市である江南は、さまざまな面で独特な形成過程を見せ、居住者の社会的・経済的特性や生活様式も他の地域と比較して多くの違いをあらわにする。それは単なる江南スタイルファッションや盛り場文化ではなく、江南特有の資産形成プロセス、子どもに対する教育方法、地位追求戦略等、さまざまな面における差別性である。そのような意味で、この半世紀に江南という特殊な地域がソウルの南側に形成されたことと韓国の階級構造・階級関係の間には不可分の関係がある。何よりもこの地域に中産層家庭が大規模に集結して暮らすようになり、彼ら特有の階級的行為を展開してきたことは、韓国における階級の構図を大きく変える要因となった。江南の登場は、韓国の新上流中産層、または特権中産層の形成にもっとも直接的で重要な影響を与えたのである。

この現象を私は一種の〈江南スタイル階級の形成〉と規定しようと思う。本章の主要な関心事は、江南の発展がいかに韓国における階級の構図を変え、何よりも特権的な中産層形成にいかなる寄与をしたのかを検討するところにある。

江南開発

都市の住居地域において階級的に空間が分かたれる現象は、現在多くの国で見られる。だが、韓国の江南のように富裕中産層が大規模に一つの地域に密集して暮らし、同質的な中産層都市を形成しているのは、世界でもなかなか見られない現象である。いかにしてこのような都市が形成されたのだろうか。ほんの50年前まで、江南は田んぼと広大な野原であった。この新都市は国家の近代化プロジェクトの一環として、国家の全面的な財政・政策支援の下につくられた。もちろん当初の目的は経済発展の過程で首都ソウルへ殺到する人口を収容するためであり、それとともに軍事的な目的でも江北《カンブク》、すなわち漢江の北に集中している人口を江南へ分散させる必要があるからだった。だが１９８０年代以降は、先進国の水準に到達した国家経済を牽引して国家の地位を世界的に高められる新たな超現代的首都が必要になった。

　韓国の軍事政権はそのような都市を１９７０年代以降わずか20～30年の間につくり出した。韓国型の圧縮的近代化のもう一つの表象といえる。すべてのことを軍隊式に一糸乱れず効果的に進めたのである。新しい都市の美的側面や生態的影響、あるいは他の都市とのバランス等についてはとりたてて考慮されなかった。大規模な新都市を建設するためにはもちろん政府の莫大な投資が必要だった。初

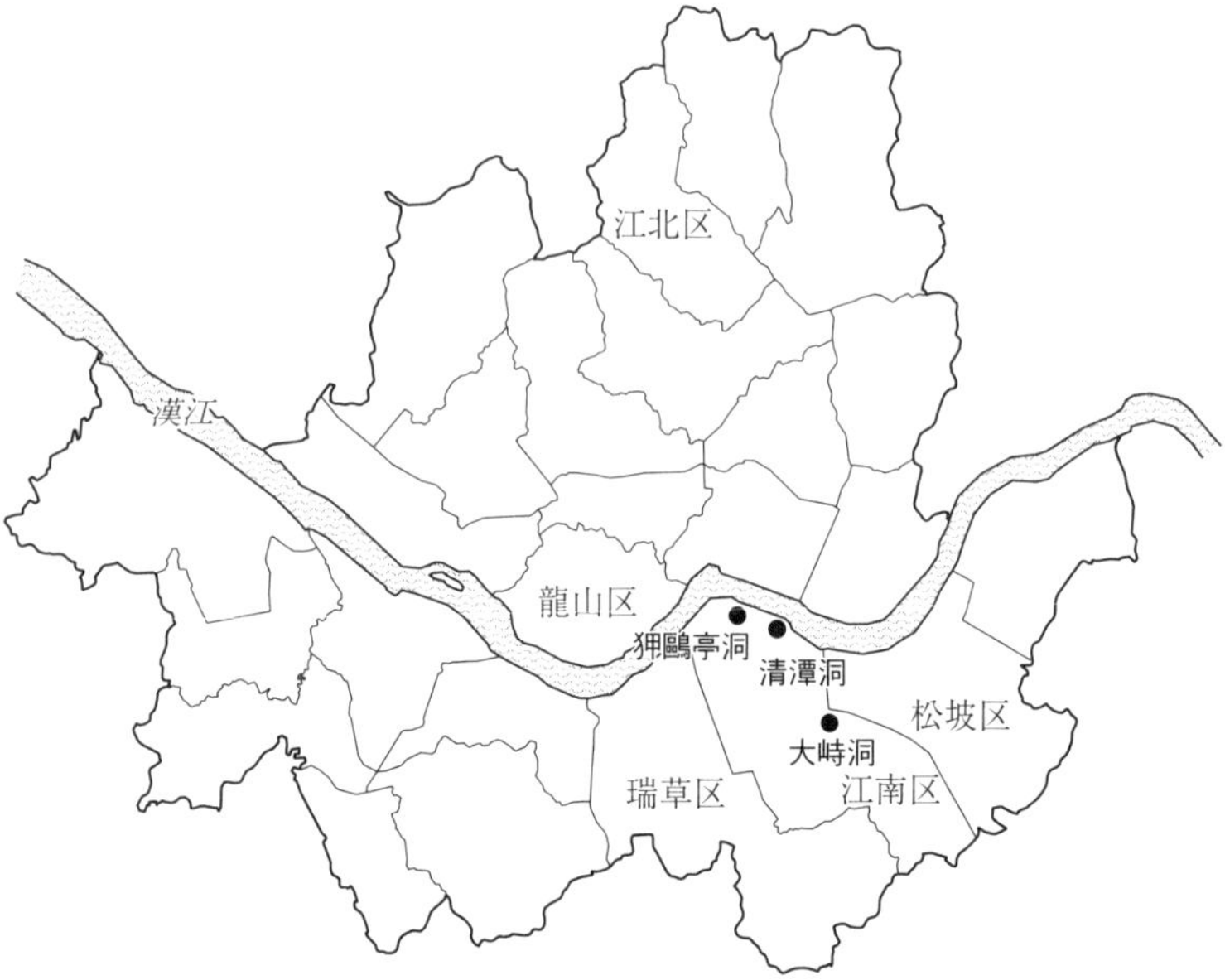

図 4-1　ソウル地図

期にはソウルの南と北をつなぐ大きな橋を数多く架け、道路を敷設し、インフラと電気・通信施設を新設し、緑地帯を整備した。このような基礎作業のほかにも、国家は江南の選択的発展のためにあらゆる手段を動員した。ソウルと地方をつなぐ高速バス路線のハブを江南に移転し、ソウルの地下鉄システムが開発されたときには大部分の路線が江南を必ず通るよう決定した。漢江の北にあったいくつもの公共機関（たとえば大法院〔日本の最高裁判所に相当〕、検察庁、大韓貿易投資振興公社、関税庁等）を江南に移転し、「芸術の殿堂」（瑞草区に位置する総合芸術文化施設）やオリンピック競技場のような文化・体育施設も建設した。このような江南偏重政策だけでなく、いっそう露骨な江北への抑制策まで導入し、デパートや卸売業者、または遊興施設等の新設も禁止した。

そして中産層家庭を江南に誘致するためにもっとも効果的な方法として、江北所在のいくつかの一流高校を江南に移転させた。

江南形成のもっとも特異な様相の一つは、居住地の形態が戸建て住宅ではなくマンションを中心として、それも主に中産層向けのものとして建設された点である。なぜマンションだったのか。二つの理由が重要だったように思われる。一つめは建設効率面の利点である。マンション建設はより速く、より経済的に多くの住宅を供給できる方法であった。したがって、最短で新都市を建設しようとする国家の計画にぴたりと一致したのである。二つめはマンションが中産層の好んで選ぶ住居形態だったからである。現代的なキッチン設備や居間、トイレ等を兼ね備えたマンションは、当然伝統的な戸建て住宅より便利で現代的な生活を表象するものだったため、大部分の中産層家庭が理想とした住居形態だった。

だが多くの国において、集合住宅といえば高級マンションもあるが、むしろ低所得層向けの集合住宅のほうが多いのが実情である。韓国でも１９６０年代末に建てられた少数のマンションには、低所得層向けの集合住宅が多かった。だがこれらのマンションは、たとえば１９７０年に起きた臥牛《ワウ》マンション崩壊事件のように、たいていよくない記憶を残して消えていった。このような経験もあって、政府は江南に新たに中産層向けのマンションを建設しようとしたようである。こうして江南は、当初から中産層の都市形成を目的としてつくられたのである。

特権的な機会の都市

国家の全面的な支援によって急激に発展した江南は、大部分の韓国人が共感するように特権的な機会を与える地域として定着した。2010年に実施されたあるアンケート調査によると、江南以外に居住する回答者117人中93人が江南に移り住みたいと答えた。江南はすべての人が住みたがる場所であるという話は、けっして間違いではないのがわかる。なぜ、そのように多くの人びとが江南に住みたがるのか。江南が本当に住みやすく、静かで、快適な場所だからではないだろう。それよりは江南に住むことによって多くのメリットが得られるからであろう。都市インフラが発達していて、交通の便がよく、都市区画が整っており、緑も多いという特長も大切であろうが、真の理由は地域が提供してきた特権的な機会にある。その中でももっとも重要な要因が不動産による資産増殖の機会、そしてより有利な教育を受ける機会である。この二つの要因が互いに密接に関係しながら江南の発展を促進してきた。

江南を語るうえで外せないほど、不動産は江南の発展に絶対的な影響を与えた。江南の不動産価格の上昇は実に驚くほど速いテンポで、しかも持続的に進んでいった。ある専門家が発表した資料によると、1963〜1979年の間に江北に位置する龍山《ヨンサン》の地価の上昇が25倍であったのに対して、江南地域ではおよそ800〜1300倍だった[1]。また先に引用したように、経済正義実践市民連合が収集した資料によると、「1988年以来、労働者の平均賃金が約6倍上がったのに比べ、ソウル江南圏（江南区、瑞草区、松坡区）のマンション価格は賃金上昇値の43倍、非江南圏は19倍に上がった[2]」。このような趨勢の中で、不動産を所有した人と所有できなかった人の間には、はなはだしい経済格差が広がった。そのなかで江南へいち早く移り住んで自宅マンションを1戸、または複数戸所有するようになった人びとは、当然大きな利益を得た。それ以降でも江南にマンションを購入した人びとはすべて、上昇しつづける江南のマンション価格の受益者になった。彼らには、直接得る収入より不動産所有によって得る収益がいっそう重要な資産形成の源泉になったのである。しかし最近になって江南のマンション相場があまりにも高くなるので、一般中産層の家庭はもはや江南に入っていくことができなくなり、それゆえ江南と非江南の境界線はいっそう深い意味をもつようになった。

江南の不動産価格がこのように上昇しつづける理由は、地域が与える特権的な教育機会と密接な関係がある。事実、江南の発展は韓国の超競争的な教育環境なしに説明できない。先述したように、朴正熙政権は江北に居住する中産層家庭を江南に移転させるために、江北にあった伝統ある名門校を江南に移転する政策を展開した。そうして1976〜1981年の間に京畿《キョンギ》高校、徽文《フィムン》高校、ソウル高校、淑明《スンミョン》女子高校等が江南区、瑞草区を中心に、隣接した地域に定着した。その地域がやがて〈江南8学区〉と呼ばれる教育特区となり、中産層家庭がもっとも好んで選ぶ住居地域として発展したのである。当然その地域に位置するマンション価格は暴騰し、他の江南地域でも連鎖反応を引き起こした。そうして子どもの教育のために江南に移り住んだ家庭は、単に子どもの教育の面だけでなく経済的にも予想外の大きな恩恵を受けることになったのである。チョ・ジャンフン（趙壮訓）の表現どおり、「彼ら自身も予想できなかっただろうが、この教育熱に満ちあふれた両親は江南に移り住み、子どもではなく自身の身分と階級をアップグレードした。いまや江南はお金がなくても誰もが行かなくてはならない場所となって、後世の階級上昇のために努力した両親は現世で救われたのだから、これ以上に訴求力がある神話と宗教はいまだかつてなかった」[3]。

入試の名門である8学区として教育的な特権を誇示するようになった江南は、1990年代中盤以降に特殊目的高等学校〔特殊分野の専門的な教育を目的とする高校〕が登場して私教育市場が拡大され、私教育のメッカとして成長した。教育熱の高い富裕中産層が集中した江南は、当然全国でもっとも競争の激しい私教育サービスが誘致されるようになったのだが、その中心が取りも直さず大峙洞《テチドン》の予備校街だった。結局江南は、塾の天国と呼ばれるほど各種の塾の数が多く、その質が高い地域として発達した。「〈金があれば江南に行き、江南に行けば名門大学に行く〉という言葉が人口に膾炙」[4]するくらい、江南は名実ともに特権的な教育機会の中核地域として定着した。

新上流層の揺籃

平均所得や平均マンション価格、納税率、相続税率等、さまざまな面で江南が大韓民国のどの地域より豊かであるのはよく知られた事実である。だが階級的な側面で特に重要なのは、江南が韓国のパワーエリートの集結する地域という点である。2000年代初めの段階で、すでに弁護士の61・3%、医師の56・4%、企業家の54%、ファンドマネージャーの52・8%、公務員の50・2%、ジャーナリストの36・2%が江南に暮らしていた[5]。当時、江南の人口がソウル全体の15%に過ぎなかったことを勘案すると、江南はパワーエリートの過剰密集地域としかいいようがない。

したがって、多くの批判的な研究者は江南を韓国の新たな上流階級が誕生した場所と規定する[6]。たとえば、チョ・ミョンレ（Cho, Myung-Rae）は「江南は韓国社会を支配する新上流層がねぐらをつくる方舟になっている」と描写し、[7] カン・ネヒ(Kang, Nae-Hui)は「江南は支配的階級連合が社会的投資と財源を占有する場所として、特権的な地位をもった空間である」と主張した。[8] チ・ジュヒョン(Ji, Joo-Hyoung)は「現代の韓国で江南という記号は特権、支配階級、専門職高所得層と富裕層、ブランド品消費等を表象する」と記述した。[9] もちろん江南の住民すべてが豊かなのではなく、少なくない低所得層家族が江南の町はずれに暮らしているのも事実である。しかし、江南が他のどの地域よりも多くの富裕層とパワーエリートで構成された住居地域である点は、誰も否定できないのである。

韓国で江南の富裕中産層、または新上流層を捉える視点はほとんど共通している。要するに、根本的に拙速な開発の過程において発生した不動産投機がつくり出した階層集団というものである。江南のすべての住民が不動産投機に参入したわけではもちろんないだろうが、その地域にいち早く移り住んできたすべての家庭が不動産価格の暴騰によって大きな恩恵を受けたことは事実である。当然、彼らは江南地域の不動産価格が上がりつづけるのを願う立場であり、この点において階級的な共同体意識を共有する。そのため、江南の上流中産層の性格を規定するのに不動産による財産蓄積が絶対的な要素として登場するのである。多くの研究者の江南階級に関する視座にもこの点が刻まれている。チョ・ミョンレの主張どおり、「江南の土地が創出する投機的な富は、江南へと移り住んできた人に分け隔てなく提供され、韓国社会に中・上流層が誕生する物質的な土台となった」。[10] もちろん不動産所有は、他の地域の中産層にも絶対的に重要な資産の基礎となっている。だが、江南の不動産は特別な価値をもつ。チ・ジュヒョンはこのように説明する。「韓国の他の地域と同じように、中産層以上の江南住民の経済的な富の基礎となるのは不動産資産である。江南のマンションのほとんどは、並一通りの勤労所得だけでは購入が不可能なほどソウル市内の他の地域に比べて価値が高い傾向がある。さらに江南のマンションは、あたかもサムスン電子の株式のように〈優良株〉や〈主力株〉と見なされるほど換金性が高く、景気がよいときはもっとも多くの収益を出し、不況でも他の場所に比べると下落幅が一番小さい傾向がある」[11]。ヤン・ミョンジも中間階級の形成に投機的で排他的な不動産投資による富の蓄積が決定的な役割を果たしたと強調し[12]、パク・ベギュン(Park, Bae-Gyoon)とチャン・ジンボム(Jang, Jin-Bum)はもう少し広い視座から、不動産投機が韓国の都市化過程の重要な特徴であり、その過程を先導したのがまさに江南である点を指摘している。彼らが主張するように、「結局、江南化の過程は韓国の都市中産層を不動産の価値上昇に依存する投機的な主体として構成し、これは投機志向的な都市開発が韓国の支配的な都市パラダイムとなることに大きく寄与した」[13]。

しかし江南に登場した富裕中産層を、不動産蓄財の概念のみで理解するのは十分ではない可能性がある。2000年代に入って江南は、次第に経済的にも文化的にも名実ともにグローバル都市(global city)へと発展し、地域住民の職業構成も大きく変わった。江南が過去の消費中心の都市から第四次産業を主導するグローバル都市として発展し、住民の中に先端産業の管理職や高付加価値サービス業の高度専門職・技術職の比重が大きく増えた。彼らは当然他の中産層労働者よりずっと所得が高くなるわけだが、このような職業的な変化が江南の階級プロフィールを変える役割を果たすようになった。1980年代、または1990年代までは江南の金持ちといえば主に不動産投機で金を稼いだ人びとを連想したが、2000年代に入るとそれが大企業の管理職や高収益の専門職に置き換えられたのである。

だが、これら二つの集団が社会的、あるいは階級的にはっきりと分かれているのではない。事実、彼らはたいてい一つの家族に属している場合が多い。父母世代が事業や不動産投機で金を稼いだプチブルジョアジー階層ならば、子世代は専門職・管理職に従事する新上流中産層に属する可能性が大きい。つまり一つの世代を経て、江南の富裕層は過去に〈成金〉と呼ばれたりした集団から、いまや高度な専門職・技術職の能力とグローバルな文化資本を所有した〈グローバル中間階層〉に進化してきたのである。江南の人口において後者の集団が目につくようになった事実は、江南の新上流層がいっそう強化された階級的な特権と文化的な正当性を有するようになったことを意味する。にもかかわらずもう一つの重要な事実は、この高所得の管理職・専門職が依然として不動産による蓄財活動をしていることである。ここ最近は株式市場の発達で投資対象の幅が広がったが、韓国の不動産市場は不労所得を生み出すもっとも有効な手段として作用しつづけてきて、その結果韓国の階級不平等構造に甚大な影響を与えてきた。

それゆえ江南に居住する富裕中産層とは、根本的に江南の不動産価値に基づいた共通の利害関係者である。彼らは自身が所有した不動産の価値が保全されつづけるか、あるいはもっと上昇しつづけることを願い、それを脅かすいかなる政策や経済変動にも敏感に反応する。そのような態度は他の地域の持ち家に住む中産層家庭にも類似した形態で現れるが、江南の場合は不動産の価値を守ろうとする欲求が特に強く、住民全体の政治的態度と行動を支配するとみられる。総選挙の時期になれば各政党は資産所有者が敏感になる利益に逆らわないように努力するものだが、特に江南地区では不動産に関するイシューが他のすべてのイシューを圧倒する。１９９６年の総選挙以降、江南、瑞草、松坡の三つの核心的な自治区の住民は、いくつかの例外を除くとほとんど一貫して保守候補に投票してきた。このような保守傾向の投票行動が、該当地域の住民の教育水準や政治的理念と関係なく一貫して現れる事実は、不動産に基づいた彼らの物質的な利害関係がどれほど強い影響力を発揮するのかを示す。いわゆる〈江南左派〉〔政治・社会的にリベラルな意識をもつ高学歴・高所得層を指す。既得権益の象徴の「江南」と、リベラルを意味する「左派」を組み合わせた言葉〕も、この面では保守的な江南住民と変わりはないだろう。

階級アイデンティティ

現在、韓国社会で江南に暮らすということは、一種の階級的記号として認識されている。メディアではよく、江南に暮らす人びとを豊かで、学歴が高く、流行に敏感で、横柄で、外見に気を遣う人として表象する。そのような認識にもかかわらず、多くの人びとは江南居住者に対してひそかに身分的な優越性を認める態度ももっている。あるインタビュー調査で回答者の一人はこのように述べた。「どこかに行って自分が住んでいる場所を言うとき、ためらわずに平然と「清潭洞《チョンダムドン》に住んでいる」と言うと、なんとなく人びとが自分を認めてくれるように感じます」[14]。江南に暮らす人びとを認めるやり方は人によって異なるだろうが、たいてい江南の住民が経済的により豊かで余裕がある点を認める。そのような経験を通じて、江南の人びとはみずから江南に暮らすことを自負するようになる。「私、江南に住んでいます」という言葉は、階層的なプライドを示す信号でもある。

江南の外に暮らす人がよく江南の人びとを物質主義的で、ぜいたくで、利己的で、横柄で、とげとげしいとみるのと対照的に、江南住民は自分たちを他の人びとより教養があり、洗練されていて、上品で、学識があると認識する傾向がある。彼らが考える〈江南らしい〉人びととは、余裕があって、品があって、ハイカルチャーな趣向をもつのである。いくつもの学術調査結果が示すように、江南居住者が江南の外の世界に向き合う態度は非常に否定的で閉鎖的な面がある。彼らは江南の生活空間を〈便利なところ〉〈いいところ〉と思う反面、外の世界は〈不便なところ〉〈悪いところ〉と見なす傾向がみられる。したがって、江南住民は自分たちが築き維持している枠の中に留まるのを好み、できるならば非江南住民と交わりたくないという気質がみられる[15]。そして、江南に居住する大人たちのこのような態度は子どもたちにも受け継がれる。イ・ヨンミン(Lee, Young-Min)によると、江南の子どもたちの多くは「江南以外を〈汚く、田舎っぽく、乱雑で、煩わしく、不安な〉ところと認識しているので、自分たちが暮らす江南を安全で暮らしやすいところ」と考え、極端な場合は江南を離れるのを怖がる[16]。彼らは江南の中で学校に通い、友だちとつき合い、大学に進学しても主に江南で育った友だちとつき合いつづける傾向がみられる。

したがって、江南に暮らす人びとは可能な限り江南を離れて他の場所に引っ越すことのないように努力する。もし経済的に窮して高価な江南のマンションを売って他の地域に移り住むのが合理的な選択であろうともそうしない理由は、未来の不動産価値を保全するためでもある。だが、それよりは江南という住所が与える身分的な価値のためだろう。江南という住所は、婚期の子どもがいる両親にとって特に重要である。このような面で江南という住所は、米国で豊かな人びとが住む地区の郵便番号(zip code)がもつのと似通った意味を有する。米国で郵便番号が居住地の経済的・社会的な位置を判断する基準になるならば、韓国では江南か、非江南かがそのような機能をもつ。

江南住民の間に広がる、非江南と差別化する意識と自分たちだけという仲間うちの同属意識は、自然と江南を背景とした社会的な人間関係を強くする。財政的に豊かで職業的にも政治的にも影響力がある彼らが集まって暮らす江南は、人びとが社会で必要なコネクションをつくるのに便利な地域である。そのため、住民は互いの価値を認識して意識的に親交関係を結ぼうと努力する。マンションが立ち並ぶエリアに隣接して暮らし、同じ学校に子どもを通わせ、同じデパートでショッピングをして、同じ教会に通い、同じジムで体を動かす彼らが親しくなるのは難しいことではない。しかも、彼らが互いの必要性を認識して人的ネットワークを強化しようと努力するならば、それはいっそう簡単になる。そうして形成した親交関係を通じて、職業上、あるいは事業上の重要で高度な情報を得ることもでき、必要となったときに使えるコネクションもつくることができる。結局江南は、社会的な上昇移動を追求する人びとにとって重要な社会関係資本を蓄積するのに大変有利な場所となる。これが、江南居住のもたらすもう一つの特権的な機会といえるのである。

このようないろいろな与件をふまえて、江南に暮らす豊かな家庭を一つの階級集団として捉えるのは妥当だと思われる。もちろん彼らが韓国の新中上層、または新上流層全体を象徴するのではない。厳密にいうと、江南の富裕層は新たに登場する韓国の新中上層の、一つの階層分派とみるのが正しいだろう。経済的に中・上流階層に属する人びとは、ソウルの江北や地方の他の都市でも探し出せる。だが江南の特異性は、富裕中産層が大規模に密集して暮らす点である。地理的・空間的な密集性は、互いに似通った経済的位置にいる住民の間の身分競争を熾烈なものにするという効果をもたらす。同じように豊かな消費者が集中している地域には、当然高級な消費とサービス市場が発達して住民の消費活動をたきつけるようになる。そのため、江南の住民は他のどの地域よりも高級消費によって身分競争せざるをえない。彼らは各家庭が所有する自動車の種類、マンションのブランドや専有面積、インテリアのデザインや家具等を互いに比較して競争するのである。江南の対外的なイメージが過度な消費、ぜいたく、または歪曲された消費文化となる理由がここにある。そして、消費だけでなく教育を通じても身分競争をする。ある程度経済的な余裕があり、子どもの成功を願う富裕中産層の家庭間の教育競争は、私教育市場を発達させたもっとも重要な要因として挙げられる。よく韓国で私教育市場が過度に発達した理由を朴正熙政権が施行した高校平準化政策に求めるが、実際にもっと根本的な理由は富裕層の利己的な教育熱であろう。私教育は、平準化された教育に満足できず、自身の子どもにもっと有利な教育を受けさせるために、富裕層家庭が選択した手段だからである。こうして富裕層の空間的集中は、消費と教育を通じた競争を激化させるだけでなく、韓国の新上流中産層の階層文化を極めて物質主義的で、利己的で、このうえなく競争的なものにする主な要因となった。

〈江南化〉と準拠集団

２０００年代になって、江南はハイクラスな高層建築物がびっしりと立ち並ぶ景観、最先端施設を備えたマンション、もっとも現代的な都市インフラ、便利な交通、全国から認められる教育施設、高級ショッピングモール、そして何より上昇しつづける不動産の価値等、都市生活者が羨望するすべての条件を備えたモデル都市として不動の地位を占めるようになった。当然江南は大多数の韓国人が暮らしたがる地域となり、江南の高級マンション群に暮らす住民は羨望と妬みの的となった。近年は江南の不動産価格があまりに高くなったので、そこに入り込むこと自体が一般中産層の家庭には不可能となった。それにしたがって江南対非江南という構図は、社会的な階層を分けて区別するための重要な基準として定着した。

すると、江南のような都市で暮らしていこうとする欲望が、江南と似た都市を複製して追いかけようとする都市開発の形態として現れはじめた。ソウル近郊の盆唐《ブンダン》、一山《イルサン》、坪村《ピョンチョン》のような新都市だけでなく、釜山、大邱《テグ》等にも似たような新都市が形成された。パク・ベギュンはこのような現象を〈江南化〉と呼ぶ。もう少し正確にいうと、「江南スタイルの物理的な空間と建造環境を複製して建設し、江南スタイルと見なされている生き方を基礎として都市を規定して想像し、江南スタイルの都市空間を欲望して消費する過程」を韓国のアーバニズムの〈江南化〉と定義する。(17) あらゆる新都市の空間は、江南式に高級ショッピングモール、名高い学校と塾、一流の大型総合病院、高級レストランとカフェ、流行の最先端のレジャー施設等を備えることによって他の都市との差別化を試みる。このように開発された新都市は、その地域の他の都市との差別化を果たすのにある程度成功したかもしれないが、やはり江南の名声と経済規模には追いつくことができず、不動産価値の上昇においても江南にはまったく及ばない状況である。しかし江南化の趨勢は、全国の至るところで着実に現れる韓国の都市発展における主要現象といえる。

パク・ベギュンがいう江南化は、単に都市的な面における〈江南の模倣〉だけを意味するのではない。この現象はもっと広い意味で、人びとが江南に定着した富裕中産層ないし新上流層を社会的な成功のモデルとして自分と比較して追いかけたくなる欲望を象徴する。これは言い換えると、江南の富裕層が韓国における主要な準拠集団になったことを意味する。先の章で説明したように、準拠集団とは個人が自身の価値観と社会的な位置を見定める際に比較対象とする集団である。現在、韓国の中産層が、自身が中産層に属しているか否かを判断する際に用いる主な比較対象が、まさに江南の富裕層なのである。江南の富裕層は、多くの人びとの目に世俗的に成功した人、すなわちうまくいっている人と映る。まっとうな職場に通い、よいマンションに住み、高級自動車を乗り回し、子どもの教育でも他の人よりもっと戦略的に上手にやっていて、資産増殖も如才なくこなす人びとである。江北や地方都市に暮らす一般中産層所得者の目には、現在の韓国社会で本物の中産層を形成しているのはまさにこの江南富裕層、またはそれにふさわしい位置にいる人びとであり、自分はすでに中産層から転落した者と映る。しかし江南の富裕層はつい先日まで一般中産層の一部だった人びとで、まだ上流層になったわけではない。そのため、現在経済的に窮する多くの中産層の人びとが、江南の富裕中産層を自身の主要な準拠集団として彼らと自分の家庭を比較しつづけて、彼らの行動パターンと成功戦略を追いかけようと努力する。〈江南の模倣〉または〈江南化〉は都市形態だけでなく階級関係において、そして社会関係全体において現れる主要な韓国的現象であるといえよう。

5章
ブランド品，ウェルビーイング，階級の差別化

今日のアジアにおいて、人びとは何を着るのかによって区別される。グッチのバッグとフェラガモの靴は、若い女性にとってぜいたく以上のモノである。同様にアルマーニの洋服とロレックスの時計もまた、サラリーマン男性にとって見栄以上のモノである。このようなモノは、身につける可視的なブランドとして、人びとのアイデンティティと価値を判断する社会で必要に迫られた一つの社会的儀礼である(1)。

近代社会において消費が社会的な地位を決める決定的な要因であることは、多くの研究者が同意する事実である。韓国では最初から中産層の概念を、消費水準を中心に理解して定義してきた。人並みの水準で消費活動をするのが、客観的にも主観的にも中産層の地位を維持する必須の要件と見なされてきたのである(2)。しかし、韓国における経済発展の初期に消費を通じて現れた階級間の違いはそれほど大きくなかった。その主な理由は、当時の韓国経済の水準が低く、内需市場が十分に発達できなかったからである。もしかするともっと重要な理由は、朴正熙政権が消費財輸入を禁止して、金持ちの誇示的な消費を厳格に統制したことである。だが１９８０年代に入ると、韓国の消費市場は大きく変わった。持続的な経済成長に加えて、１９８７年の民主化と１９８８年のソウルオリンピックは社会的にも自由な雰囲気を広げ、消費主義が浮上する契機をもたらした。１９８０年代末になると〈過度な消費〉が新たな社会問題として注目され、メディアでもしばしば取り上げられるイシューになった。

だがそのときまでは、消費は主に中産層が主導しつつ広い範囲の人びとが参入して成り立っていた。自動車、エアコン、カラーテレビ、冷蔵庫、洗濯機、オーディオ、コンピュータ等、新たな中産層の必需品が増えて、彼らの消費も増えつづけた。過度な消費という社会的な批判があったが、中産層家庭の経済事情は比較的余裕があったので大きな問題にはならなかった。そして、まだ高級ぜいたく品市場が発達していなかったため、中産層が富裕層を相手に相対的剥奪感のようなものを強くいだくことはなかった。1980年代まではまだ小規模だった富裕層と多数の中産層は、総じて同じ消費市場に参入した。二つの集団の消費スタイルには、やはりそれほど大きな違いがなかったのである。

だが1990年代に入ってから、消費市場と人びとの消費形態が大きく変わりはじめた。その理由の一つめは、韓国の経済自由化と輸入開放政策が本格的に進行したうえに、1997〜1998年の通貨危機以降には輸入市場が大きく開放されてあらゆる輸入製品が国内市場に入ってきたためである。二つめの理由としては、先の章で記述したような、経済発展と所得不平等にともなう富裕層の量的増加と彼らの(江南を中心とした)空間的集中が挙げられる。一般中産層よりずっと豊かな経済資源を所有する彼らは、自分だけの社会的・階級的差別性を望んだ。彼らの階級差別化の欲求はまず消費から現れ、特に高級ぜいたく品を所有して誇示する行動として発現した。

名品(ブランド品)ブーム

このような変化がもっともよく読み取れる現象が、いわゆる〈名品(ブランド品)ブーム〉である。〈名品〉とはもともと名高い匠が作った高品質の製品を意味し、主に見事な陶磁器、楽器、オーディオ等に使われていた単語であった。だが１９９０年代後半に流通市場の開放によって各種ぜいたく品の輸入が大きく増え、その中で有名ファッションブランドを差別化するために名品という単語が流行しはじめた。〈名品〉は〈ぜいたく品〉という言葉が与える否定的なイメージと異なり、デザインが洗練されていて質的にすぐれていて、ゆえにその品物を所有する人の美的趣向に華を添えてくれるように思われた。１９９０年代中盤以降、ルイ・ヴィトン、シャネル、エルメスをはじめ、グッチ、プラダ、フェラガモ等、有名ブランドの衣服、ハンドバッグ、靴、アクセサリー、時計等が韓国の市場へ本格的に入ってきた。そして１９９７年の通貨危機の衝撃にもかかわらず、ブランド品市場は以後急速に成長した。

ヨーロッパの有名ブランド品に対するブームは、日本で10年先立って始まった現象である。１９８０年代にバブル経済で好況を享受していた日本人が、世界各地を旅行しながらブランド品を独り占めするかのごとく買い込んで帰国したものだった。続いてすぐに香港がブランド品市場として名声を博し、その次は台湾、シンガポール、韓国、タイ、インドネシア等へブランド品ブームが広がっていった。『ぜいたく品ブランドに対する崇拝（*The Cult of the Luxury Brand*）』の共著者でありマーケティングの専門家であるチャーダ（Radha Chadha）とハズバンド（Paul Husband）によると、韓国は政府の統制によってブランド品消費が比較的後れて始まったが、その拡散のスピードは他の国より速いという。そしてブランド品消費のパターンも異なるという。より競争的でより個人的な性格が現れるのである。彼らの記述によると、「寸分違わずみながまったく同じものを追いかける日本とは異なって、韓国では他人より自分が先んじなければならないという競争心理が強い。ゆえに彼らは常に友人や隣人と自分を比べて、自分の家と所有物、自分の成し遂げた成功と子どもの成績、夫の職業等、すべてを他人と比較する。したがって、他人に何一つ後れを取ってはならないという強迫観念の中で万が一にも面目を失わないために、自身の能力を超えた消費もためらわない」[3]。外国人として、非常に説得力のある観察をしたように思われる。だが、なぜこのような競争心が高価な外国のファッションブランド品を所有しようという欲求として現れるのだろうか。ルイ・ヴィトンのバッグにせよ、アルマーニのスーツにせよ、スイス製の時計にせよ、本物ならば普通の韓国の中産層が購入するにはあまりにも高価な品物ではないかと思うが、答えは簡単である。それほどに高価なものだから、身分を誇示する目的に使う価値があるというわけである。チャーダとハズバンドが説明するように、ブランド品がアジアの新興国家を虜にした理由は、それらの国家が成し遂げた経済発展の過程において登場した富裕中産層が、自身の身分を誇示して他の中・低所得層と階層的に差別化されたいという欲求のためである。経済発展と近代化を成し遂げた社会で個人の身分はもはや家柄や伝統的な規範ではなく、何を所有していかに自身を装うかによって主に決定される。「今日のアジアにおいて、人びとは何を着るのかによって区別される」というチャーダとハズバンドの言葉は少し誇張された面もあるが、かなり的を射た表現といえる。

ブランド品の主な顧客は、もちろん富裕階層に属する人びとである。だが、彼らだけがブランド品市場に参入するのではない。たとえば本物のブランド品が陳列されたギャラリア百貨店や新世界百貨店〔ともに韓国の高級百貨店〕の売り場に入ってウインドウショッピングさえできない人びとは、偽ブランド品やイミテーションを所有することによってブランド品を通じた身分競争に参入する。２０００

年代初めにもっとも人気があったルイ・ヴィトンのバッグは、一時ソウルに住む女性のおよそ半分が所有しているという話もあった。市内で見かけるこのバッグの大部分は、さしずめ偽造品(バッタもん)や模倣品である可能性が高い。したがって、ブランド品による身分競争において人びとの大きな関心は、相手方の所有するブランド品が果たして本物なのか、よくできている高級な偽物なのかを判別する点に集まるほかなかった。本物のブランド品は、経済的に余裕がある恋人同士の間で交わし合う特別な贈り物にもなったり、中産層家族の間で取り交わす結納に必須の品として定着した。チャーダとハズバンドが見た韓国のブランド品消費に関する様子を、もう一度引用してみよう。

ブランド品はいまや韓国社会で必需品である。彼ら[中産層の人びと――引用者]はスーパーマーケットに行くときや美容室に行くとき、職場や学校に行くときもブランド品の服を着る。そうして、いつでもどこでも誰かが自分を注視しているという事実を意識して、ブランド品で自分を武装したまま緊張を緩めることができなくなった。(4)

ブランド品の民主化

２０１０年代に入ると、街中で販売されるブランド品――本物であろうと、よくできている高級な偽物であろうと――の数や種類が大きく増えただけでなく、それを購入するチャネルも非常に多様化した。高級デパートのブランド品売り場だけでなく、ブランド品アウトレット、インターネットのショッピングモール、免税店等でもブランド品を求めることができるようになった。いまやブランド品は、実に中産層程度の経済水準にある人ならば、少なくとも一つは所有しなければならない生活用品のようになった。このようにブランド品がありふれたものになったという事実は、いわゆる〈ラグジュアリーの民主化（democratization of luxury）〉が起きたことを物語る。ラグジュアリーが少数の占有物ではなく、広く一般大衆の手にも届くようになったのである。

だが、本当に身分競争で発揮されるブランド品の役割が小さくなったのか。そうではない。むしろラグジュアリーブランドの品物は、上流層と中産層を分けるにあたってもっと重要な役割を果たすようになったともみられる。単にラグジュアリーの水準がさらに高くなって、ラグジュアリーブランドの内部に序列ができただけである。希少価値がない品物は、ラグジュアリーとしての価値がなくなる。ゆえにブランド品の大衆化、または民主化が起きて、金持ちはブランドの中でもより高く、高級感のあるブランドを選び、国内にまだ紹介されていない特別な海外のラグジュアリーブランドの品物を求めるようになった。そのような品物を探して購入するのは、単に金さえたくさんあればできることではない。それに関する情報と知識が必要になる。そのため、当然教育水準が高く海外経験が豊富な人びと、すなわちコスモポリタンな知識と経験をもつ人びとが、ラグジュアリー競争でひときわ先んじることとなる。大多数の中産層の人びとがロゴのはっきりと刻まれたブランドもののバッグや衣服を一つずつ所有しようと騒ぐ反面、富裕層は次第にロゴがあまり表には出ていなくても自分たちの間ではブランド品であると見分けられる、より優雅で洗練された品物にお金を使おうとする。このように、ブランド品の民主化、または大衆化は身分競争におけるブランド品の役目を弱めさせるというより、何が価値あるラグジュアリーなのかという基準をアップグレードしつづける効果をもたらすようになっている。

ウェルビーイングブーム

韓国の経済が発展し国民の生活水準が高くなったことで現れた、もう一つの重要な消費パターンがある。それは、健康と美しく整った容姿に対する関心がいっそう強くなり、それを手に入れるために人びとが、特に富裕層の人びとが多くのお金と時間を投資するようになったことである。このような変化の中で、2000年代初めから消費と関連して現れた社会的な話題がまさに〈ウェルビーイング(well-being)〉である。ウェルビーイングとは、2003年ごろから日刊紙や雑誌にしばしば登場しはじめた単語である。ウェルビーイングの辞典的な意味は安らかな状態、幸福、福祉等と定義されるが、一般的にはよいものを食べて健康に暮らそうという意味である。単に肉体的だけでなく精神的にも健康に暮らして余裕をもち、ひいては自然と人間が調和をなす生き方を追求しようという欲求を表す。

ウェルビーイングに対する関心が韓国で突如社会的な話題として現れた背景には、2002年のSARS《サーズ》(重症急性呼吸器症候群)危機、悪化の一途にある中国とモンゴルからの黄砂、メディアでしばしば露呈される中国産輸入食品の汚染問題、そして狂牛病(牛海綿状脳症(BSE))事件等がある。だが根本的な要因としては、韓国の生活水準が高くなるにしたがって健康で余裕のある暮らしを楽しみたがる社会階層が増加した点が挙げられる。

実際にヨーロッパや米国のウェルビーイング文化は、当初は消費文化を退けてもっとエコロジカルで非物質的な生活を志向する運動として始まった。イタリアのスローフード運動、英国のダウンシフト運動、米国のロハス運動等が代表的である。これらの地域では今なおその運動に参加したり、日常生活で自身の価値観を実践しようと努力する人びとが少なくない。だが、韓国に現れたウェルビーイング文化は環境問題や公益にはあまり関心がなく、主に個人や家族の健康と安らぎの増進に力点を置いている。ウェルビーイングブームは、まず食品業界で巻き起こった。有機農産物と果物が登場し中産層家庭の人気を呼ぶようになって、デパートや大型食料品店には別途有機食品コーナーが設けられた。そのほかに、体によいという各種の健康食品や健康補助食品がどっと出回った。健康食品は大部分が米国から輸入されたが、韓国の伝統食も重要な役割を果たしている。興味深い事実は、ウェルビーイングに対する関心が高まるにつれて、韓国の伝統料理や飲み物がふたたび脚光を浴びるようになった点である。たとえば、以前は貧しい農家で主に食べられた麦飯や大根の間引き菜キムチのような食べ物が突然、ウェルビーイングフードに転換されて江南のはやりのレストランの人気メニューとして登場するとか、韓国の伝統酒や伝統茶が健康によいと人気を呼ぶ現象が見られる。地元に根づいた商品へのニーズの増大は、肉類でよりはっきりと観察される。1990年代の貿易自由化以降、農産物の輸入が一気に増加した。と同時に、韓国人は国産農産物が輸入品より味がよく品質も信頼できると気づくようになった。現在、大部分の飲食店で肉類の原産地を詳しく明記して国産肉と輸入肉に大きな価格差をつけているが、これは2000年代以降に現れた興味深い現象である。国内で生産された肉類や野菜が優秀であるという認識は、いわゆる〈身土不二〉という国粋主義的なスローガンをつくり出しもした。すなわち、私たちの国の土地で生産された農作物や肉類が、もっとも私たちの体によくて安全であるという信頼の言葉である。

国産の農産品に対する認識が変わって、農家の生産方式も変わりはじめた。特に目につくのが有機農業に特化した栽培だが、このような農作物は主にソウルや他の大都市の豊かな家庭に供給される。そして、これらの供給サービスを可能にしたのが韓国のかの有名な宅配システムである。今日の韓国では、都心の交通渋滞をすり抜けて走るオートバイによって、ほとんどすべてのものを即時に宅配で受け取ることができる。お金のある人は家で座ったままで、まさにドアの前まで配達される各種の優良農作物と果物、旬の海産物等を受け取って食べることができるようになった。韓国の農水産業が高付加価値生産に移行して、富裕層の生活もまたいっそう便利で健康によい方向に発展したのである。食材だけでなく、すでに調理済みの料理や途中まで調理されたミールキットの宅配業もここ数年、驚きの速さで拡散した。以前は、家に出前してもらって食べていたのはジャジャン麺や、もう少し最近になるとピザのような、相対的に手頃な大衆料理だった。だが現在は、一流シェフが調理してきれいに包装された高級料理を配達する企業が現れている。この分野の先駆者であるマーケットカーリー(MarketKurly)は夜11時までに注文を受ければ、翌朝6時までに顧客の自宅ドアの前に食品を配達する。この3年のコロナ禍の間、この分野の産業は非常に大きく発展して多様化した。その結果、経済格差にともなう生活機会の違いがいっそう拡大され、富裕層の特権的な位置がますます強化されるようになったのである。

ウェルビーイングという話題が人口に膾炙するようになって2~3年で、その単語は急速に産業化しながらすべての領域で適用されはじめた。そうしてウェルビーイング食品、ウェルビーイング衣類、ウェルビーイング住宅、ウェルビーイング家具、ウェルビーイング旅行、ウェルビーイング化粧品等、ウェルビーイングという単語が付いていないものがないくらいにウェルビーイングブームが広がった。先にも示したように、ウェルビーイングは本来肉体的な健康だけでなく精神的な安定と余裕、そして体と自然の調和を志向する価値を意味する。だがウェルビーイングが高度に産業化されると、それは単純に自然主義的な生活態度を超えて、ウェルビーイング産業のさまざまな高級サービスを享受する洗練されたライフスタイルを意味するようになった。ウェルビーイングに関する雑誌や動画も絶え間なくあふれ出し、一流ホテルではそれぞれウェルビーイングフード、マッサージ、ビューティーケア、ヨガ等を含んださまざまなパッケージで顧客を誘致する。メディアでしばしば描写されるウェルビーイング族は、次のとおりである。

有機野菜と穀物でつくられた新鮮な健康食を摂取するためにもっとお金をかけるのは、彼らにとってまったく惜しいことではない。彼らはオフィスの周辺で有機食材のみを使うレストランだけに通い、平飼いされた鶏と有精卵だけを買って食べることにしつこく固執しもする。（……）体調がよくない午後にはアロマセラピー療法を兼ねたスパとマッサージ、スキンケアを受け、瞑想音楽を聴きながらコーヒーの代わりに松の香りでいっぱいのお茶を飲む。[5]

ウェルビーイングブームもブランド品ブームと類似したやり口で階級の差別化を助長する。両方とも経済的に余裕のある階層を中心的な顧客とした消費パターンであり、新たに登場した豊かな中産層がここで主役を務めている。彼らは資本主義市場が提供しつづける高級な商品とサービスを通じて特権的な暮らしを享受するのはもちろん、自分と他の中・下層の人びととの階級の差別化を追求する。ウェルビーイングと関連してある日刊紙に掲載された記事が興味深い描写をしているように、韓国ではこのような階級的差別がしばしば江南と江北の違いとして発現するのが特徴的である。

女性のウエストのサイズにも地域の偏差がある。あるデパートが調査してみたところ、江南の女性のウエストは江北の女性より1インチ程度も細いという。江南に住む女性たちがよりすらりとしているということだ。(……)江北の人びとはどうにかこうにか腹一杯食べられるようにはなったが、体を管理して手入れする余裕はまだまだ。江南の人びとは食べていくための心配はまったくなく、いまや質のよい食べ物だけを選んで食べるほどの時間的・経済的な余裕があるということだ。暮らしの質を強調する〈ウェルビーイング〉旋風、よい現象ではあるが地域ごとに吹くのが問題だ。(6)

容姿に対する執着

ブランド品とウェルビーイングに現れた現代韓国人の消費パターンと身分競争は、もう一つの新たな文化のトレンドをつくった。すなわち、容姿に対する執着とそのために途方もない金と努力を投入する時代の風潮である。〈ラグジュアリー〉概念が個人の健康と容姿だけでなく、個人の身分を決定する要素として登場したのである。過去のラグジュアリー消費が単純に高級なブランド品を所有して見せるにとどまっていたとするならば、新たな傾向はラグジュアリー財貨を身体で消費して、その成果を身体で表現するのである。もちろん容姿はどの社会でも大きな関心事である。だが韓国人が自尊心と社会的な地位を自慢するために容姿を重視して、よりすぐれた容姿のためにそそぎ込む努力は並外れているといえる。ある日刊紙のコラムの文章がこの点をよく描写している。

韓国人は年齢を問わず容姿に執着して、自分が魅力的になるためには過酷な身体のトレーニングから美容整形手術に至るまで何でも甘受する準備ができている。この執着の背後には、容姿が人生の成功と失敗を左右するという集団的な意識が広がっている。（……）このような現象は人びとをして自尊心を失わせ、自身を完全にモノのように思わせる可能性もある。(7)

このような観察は、実は外国人から見た韓国人の姿とも一致する。韓国を訪問する外国人は、韓国人がみな服をよく着こなしていて容姿に非常に神経を遣う人びとであるとしばしば口にする。実際に、米国に住みはじめて久しい私の目から見ても、韓国人は何の服を着るか、どのように身なりを整えるのかについて、米国人よりはるかに気を遣っているようである。そしてこの点は、お金がある人でもない人でも、ソウルに住んでいる人でも地方に住んでいる人でも、あまり大きな違いがないように思われる。ならば、韓国人はなぜこのように容姿に執着するのか。すぐに出てくる答えは、先に引用した記事の内容のように、多くの韓国人は容姿が自分の社会的な地位に甚大な影響を与えると信じるからである。就職だけでなく、恋愛と結婚の相手を選ぶ際にももちろん重要だと信じる。実際に容姿が就職市場と結婚市場で重大な影響を及ぼすのは、他の国でもある程度似たような状況だろう。ゆえに韓国的な現象を説明するためには、なぜ容姿が重要なのかよりは、容姿に対する社会的・文化的な認識が現代社会でいかに変化してきて、美しい容姿を手に入れるための手段がいかに形成されてきたのかを探る必要がある。すなわち、韓国で容姿の重要性とそれに対する執着が近年大きく増大した背景には、グローバルな流れとともに韓国特有の要因が共存する点に注目しなければならない。

まずマクロな視野からみると、現代の脱産業化社会は身体の外見を社会的な地位の象徴とみる文化が支配的である。産業化社会では物質的な所有を重視したが、脱産業化社会では非物質的で象徴的な特質がそれに劣らず重要になった。上流階級はぜいたくな財の単純な所有を超え、それにふさわしくよく整えられた身なりを通じて自分の身分を効果的に誇示できなければならない。社会学者リーチティ(Mark Liechty)が主張するように、「流行に先立つ(being fashionable)のは単純に何かを所有することではなく、それをいかにみずからの身体をもって見せるのかという問題である」[8]。韓国的な表現を用いるならば、ブランド品はブランド品のようなスタイルをもつ人が所有するときに、そのものが本来もっている光を放つ、となる。まさにこのような文脈でウェルビーイングブームも盛り上がったのである。ウェルビーイング運動、ウェルビーイングスキンケア、ウェルビーイングマッサージ、ウェルビーイングスパ等が、現代の資本主義社会が理想とするスタイルを備えるために必要な主要手段となった。

21世紀の〈ウェルビーイング〉または〈ウェルネス(wellness)〉ブームから私たちが読み取ることができる大きな流れは、身体が階級間の差別化の対象、または手段としてますます注目を集めていることである。オーストラリアのあるファッション専門家が表現するように、「人びとは自身を商品のように考えて投資している。彼らは華やかな服で着飾るだけでなくそれにふさわしい見事な身体も手に入れたがる」[9]。一方、『ヴォーグ（*Vogue*）』誌のある記者はこのように言った。「あなたがどのような車を持っていて、いくら稼ぐのかを自慢するならば愚か者だが、ジムに行ってどれだけ一生懸命にフィットネスバイクを漕ぐのかを自慢するのは受け入れるに値する。もちろんそれもむかつく話ではあるが」[10]。ところで、個人が身体をつくるために何の運動をするのかも大事だが、もっと重要なのはどのような衣装を着てどこで運動するのかである。また別のファッション評論家が言ったように「あなたがヨガ講座でどのようなレッスンを受けているのかが重要なのではなく、どのヨガウェアを着てどのヨガマットを持っていくのかが重要なのである」[11]。西欧のマーケティング専門家がみるこのような趨勢は、韓国でも同じように現れる現象である。すなわち、容姿に対する韓国人の態度は根本的にその他の先進国の場合と大きく異なるところがない。

そうであっても韓国で容姿に対する執着が20世紀後半からいっそう強まり、それを追求する手段が他の国と異なった発現の仕方をするのは、韓国特有の状況が作動するからであろう。いくつかの要因の中から一つ、特に重要な側面を選ぶならば、私の考えでは高度に発達した美容整形手術と美容産業がもたらす社会的な影響である。韓国の美容整形技術は世界的によく知られている。おかげで毎年中国や日本、東南アジア等から手術を受けるために数千人の観光客が韓国を訪れる。韓国の美容産業は、美容整形手術とともに肌とスタイルの管理に対しても抜きん出たサービスを提供する。江南、その中でも清潭洞は美容サービスが集積する地区として有名で、最先端の美容整形手術施設とエステ施設を備えたクリニックが地域の中心街を埋めつくしている。高度に発達した美容産業が韓国経済に大きく役立つのは事実だが、韓国社会に及ぼしたその影響は肯定的なものばかりではない。高度に発達した美容産業は、国内市場拡大のための極めて攻撃的で洗練された広告で消費者を引き寄せる。韓国人はほとんどすべての瞬間、テレビ、インターネット、新聞、雑誌等を通じて美容整形手術に関する広告に接している。はなはだしくは電車やバスの中でも美容整形手術の広告を避けられなくなった。その結果、非常に多くの人が美容整形手術や他の美容サービスの消費者になってしまう。ある報告書によると、20代の韓国人女性の半分以上が美容整形手術を受けたという[12]。20代が美容整形手術なら、中年女性は肌やスタイルの管理に多くのお金をかける。豊かであればあるほど高級美容サービスを受けるのは当然のことである。そのような趨勢が生じたのは消費者自身の欲求のためともいえるが、もっと重要な要因はそのサービスを提供する韓国の強大な美容産業にある。この産業はいびつに発達して、攻撃的な広告だけでなく他の巧妙な方法で身体的な美しさに関する基準の概念に変化を誘導してきた。たとえば、個人の容姿は出生とともに決定されるのではなく、個人の努力で十分変えられる可変的で造形可能な対象であるという信念を植えつけたのである。次第に容姿は、最新の美容整形技術とすぐれた化粧品、エステ等の力を借りればいくらでも向上させられると思われるようになった。このような環境で生きていく韓国の人びとが、容姿に執着するようになるのは当然のことである。

経済不平等とラグジュアリー消費

経済的な不平等と消費による身分競争には密接な関係がある。一般的に、不平等が拡大すればするほど消費競争はいっそう激しくなる。特に現在、韓国と他の先進国の経済にみるように所得が上位の少数階層に集中している場合、ラグジュアリーをめぐる競争がいっそう熾烈になるのは当然である。米国の経済学者ロバート・フランク(Robert Frank)は次のように主張する。

所得が最上位層だけで増加して他の層では停滞しつつ、私たちは次第により多くの国民所得がラグジュアリー消費に集中するのを目の当たりにするようになる。その主な結果は、何がラグジュアリーなのかについての基準が上昇しつづけることである。(13)

理由は比較的簡単である。富裕層の所得と資産が大きく増えると、彼らはいっそう高級感があり華やかな生活を楽しもうとしながら、同時に自身を他の一般中間階層から分離しようと努力する。すると、資本主義市場はこの新興富裕層が求めるラグジュアリー商品を新たにつくって供給する。これを眺める中産層は取り残されないように、富裕層の消費形態を模倣して付いていこうと骨を折る。すると、富裕層はもっと希少価値があって品位の高いラグジュアリーを探すようになり、市場はふたたびそのような製品とサービスを創出する。一般中間階層はもう一度、この新たなラグジュアリーを追いかけて努力するようになって、また新たなサイクルの競争が起きる。こういう具合にラグジュアリーの基準は上昇しつづけるのである。まさにこのパターンが、私たちが先にみた韓国の消費市場の主要な変化である。

このような消費パターンはブランド品市場でもっともよく現れた。ブランド品は根本的に、一般大衆が多く消費する品物との差別化という目的の下に登場したものである。過去にヨーロッパの貴族などが使っていた品物の名前を取ってきて、現代の裕福な顧客にアピールするブランドとしてつくり上げて大量生産したのが現代のブランド品である。ブランド品の特徴は、大量生産が可能ながらも生産量と価格、そして販売チャネルが極めて限定されることによって製品の象徴的な価値が高いところにある。韓国でブランド品市場が成長しはじめた時期は１９９０年代末である。韓国経済が通貨危機で激甚な打撃を受け、多くの労働者が職を失ったときであった。中産層の没落が社会的な話題となった時期でもある。にもかかわらず、その時期に海外から輸入された高級ぜいたく品市場がそれほど速く成長した理由は、先の章で記述したとおり通貨危機とその直後の経済変動の過程において、少数の資産所有者が資産を大きく増やせる機会を得たからである。通貨危機がすべての人に被害をもたらしたのではなかった。その時期に蓄財できた人びとや以降の労働市場の新自由主義的変化の中で所得が大きく増えた人びとにしてみれば、十分に高級ブランド品を消費できる経済的な余裕が生まれ、また階級的な動機においてもそうしたいという欲求が増大したのである。

このような変化がウェルビーイング市場でも同じように現れた。ブランド品と異なり、ウェルビーイングはもともと経済学者が称するいわゆる〈地位財（positional goods）〉ではない。地位財は、相対的価値をもつ品物として地位競争で所有者の相対的位置を表す財貨を意味する。所有者が住むマンション、乗り回す車、着ている服、カバン、靴、時計等が代表的な地位財である。地位競争はこのような地位財をめぐって主に起きる。一方、私たちが家で何を食べるのか、どのように余暇の時間を過ごすのか、またどのような医療保険に加入しているのか等は、身分競争において重要な項目にならない〈非地位財（nonpositional goods）〉である。多くの低所得層の若者が家ではしょっちゅうインスタントラーメンで食事を済ませながらも車は高価なものを乗り回す理由が、まさに地位財と非地位財の違いとして説明できる。だがウェルビーイングの流行にみられる興味深い変化は、ウェルビーイングに含まれた食べ物、運動、余暇活動が速いテンポで産業化されて、以前は極めて私的だった領域のことが次第に社会的な地位を表す地位財に変わっていった事実である。それゆえウェルビーイングも、より正確にはウェルビーイングを追求するライフスタイルも、非常に重要な地位財へと変化した。同じ料理を食べて同じ運動をしても、どこでどうやってするのかによって階層的な意味が大きく異なってくるのである。週末に近場の山に登って、近所の銭湯で疲れを癒すのも十分によい休息になるだろう。だが、まっとうなウェルビーイングはホテルのフィットネスクラブやジムで運動したり、スパでマッサージを受けることという認識が生まれた。ウェルビーイングのライフスタイルは高級化しつづける傾向をみせる。それゆえ、衣食住すべての領域でウェルビーイング旋風が巻き起こって、これを通じた身分競争がいっそう激しくなったのはもちろん、各家庭の家計支出も増えるようになった。

このような趨勢を推進させるメカニズムは、もちろんメディアと産業主義である。だがその根底には、漸増する不平等と富裕層の浮上が要因として根を下ろしている。経済的不平等が急激に拡大して、高度に発達した資本主義市場は富裕層のために高品質・高価格のラグジュアリー商品やサービスをつくり出しつづける。資本の立場からみると、新興富裕層は経済状態が劣悪な一般中産層よりいっそう多くの利潤を創出できる市場を提供する。したがって、資本は高度に発達した科学的な知識と技術を動員して、さまざまな高品質のラグジュアリー商品を生み出すようになっている。富裕階層はたとえ数の上では大衆中産層よりはるかに少なくとも、彼らに人気の製品をつくれば中・下層消費者も模倣消費をすべく追いかけるため、結局両方の市場を手に入れられるという話になる。
資本主義市場が高級商品とサービスを創出しつづけるのは当然の法則であろうが、なぜ経済的に極めて不安な状態にある中・下層の人びとが上流層の消費動向を模倣して過度な消費をしているのかは気になる問題である。それに対する答えは比較的簡単である。資本主義社会では中・下層の人びとも消費競争を避けられず、また他人に後れを取りたくないという共通した心理が存在するからである。だが現代社会にみられる注目に値する点の一つは、中間層の人びとが自身と比較する対象の水準が以前より非常に高くなった事実である。言い換えるならば、彼らの準拠集団が大きく変わったのである。以前は人びとの主な準拠集団が自分と経済的な地位が似たり寄ったりか、あるいは自分よりやや豊かな隣人であった。したがって、彼らと歩調を合わせるためにずいぶん無理をして消費する必要はなかった。だが今日、人びとの準拠集団は、自分と相手にならないほど高い所得水準の人びとである。米国の過度な消費現象を鋭く分析したジュリエット・ショア(Juliet Schor)はこの現象を次のように記述した。

私たちが選択する比較対象は、もはや私たち自身と似たり寄ったりの所得、あるいは一段階高い所得水準の人びとに限定されない。今日、人びとは自分自身より所得水準が3～5倍高い人びとと自身を比較したり、彼らを〈準拠集団〉として選択したりする。その結果、数百万の人びとがいまやすっかり国家的な文化になった高級消費文化(upscale spending)に加わるようになった。この現象を私は新消費主義(new consumerism)と呼ぶこととする。(14)

このような現象が起きた主な理由は、米国社会も韓国社会も急速な都市化の中で隣人との接点がほとんどなくなり、その代わりに人びとがテレビやその他の動画を見て多くの時間を費やすところにある。大衆メディアでしばしば接するようになる対象は、お金持ちで華やかな生活をする部類の人びとである。メディアに映った彼らの消費生活や暮らしの様子は、さながら世界で成功した人びとならば当然享受すべき正常な生活水準やライフスタイルのように受け取られるようになる。結局、デジタル時代に氾濫するメディアへの露出は、多くの人びとが無意識のうちに自身を近い隣人よりは遠い位置にいる富裕層と比較する傾向を生み出す。こうして準拠集団の基準が上昇すれば、自然に富裕層を追う模倣消費も増加して、それにつれて国民全体の消費水準もまたいっそう高くならざるをえない。

韓国でも同じような理由で多くの人びとの準拠集団が上方修正されたが、このような一般的な要因よりもっと強く作用したのは江南の登場である。先の章で記述したが、江南は韓国の富裕中産層が集結して暮らす地域であり、先端消費施設と最新ファッションのすべてがそろった場所である。江南の住民が見せる生活スタイルはいつも他地域の住民のそれよりも進んでいて、その地域で提供される商品やサービスはもっと高品質でもっとぜいたくな傾向を見せる。江南は俗に〈水がよい場所〉とされ、江南に暮らす人びとは、総じて経済的に潤沢で、江北と地方に暮らす人びとより洗練されていて現代的だと思われている。韓国のメディアは江南の過度な消費という側面に注目しつづけることによって、その場所を他の地域の住民の羨望と妬みの対象として浮かび上がらせた。その過程で江南の富裕層は現代の韓国人、その中でも一般中産層にはもっとも重要な準拠集団として自然に定着した。以前、韓国の中産層は遠くにいる米国の中産層に憧れて彼らのライフスタイルを真似したがったが、今はもっと近くにいる江南の富裕層が代わりにその位置を占めるようになった。結果として、韓国の消費水準がいっそう高くなり、中産層の家計はいっそう苦しくなったのである。

6章
教育階級闘争

以前は、子どもに教育を受けさせるのがずっとたやすいことだったように思います。両親は子どもたちに、一生懸命勉強して、学校に行って先生の言うことをよく聞いて、宿題をちゃんとやって行きなさい、といったことだけ言えばよかったじゃないですか。今は違います。英語の塾、数学の塾、小論文の塾、ピアノのレッスン……。こういったすべての塾に通わせなければならなくて。これで全部完璧というわけでもありません。子どもを留学させたり、留学させるならいつがいいのか、どこに行かせるのか、頭を悩ませなければならなくて。どの程度やらなければならないのか見当がつきません。うちも人並みに、子どもたちに最善の教育を受けさせてあげたいのです。だから、うちもうちなりに最善を尽くしていますが、とても大変ですね。うちの教育は十分なのか、他の人たちはうちより熱心にもっとたくさんのことをうまくやっているように思えて、不安です。あまりにも難しいのです。教育は本当に、最大の悩みの種です。

ある中産層の母親が私にしたこの話は、韓国の教育の現実をあまりにもよく表現している。この母親が言うように、韓国で教育はすべての家庭にとって最大の悩みの種であり、不安要素である。以前の教育は、それほどまでに費用がたくさんかかって、毎日のように気を遣わなければならないことではなかった。親たちの間の競争もさほど熾烈ではなかった。そして教育によって、多くの家庭では子どもが両親よりもよい社会的位置に上昇したのである。だが今は、教育がもはや社会的階層移動のためのハシゴの役目を果たせなくなっている。にもかかわらず教育競争は日増しに激しくなり、教育に起因する社会的な葛藤と不安はいっそう深刻になっている。

韓国の教育の二つの姿

韓国の教育に関しては、一つの興味深い謎がある。外国人が見る韓国の教育と韓国人自身が考える韓国の教育は正反対なのである。海外から見れば、韓国は確かに世界でもっとも優秀な教育制度を有する国である。韓国の学生はＯＥＣＤ加盟国を中心に実施される学習到達度調査（PISA: Programme for International Student Assessment）で常に上位を占めており、しばしば海外メディアの注目を集めてもいる。米国のオバマ大統領が在任当時韓国を訪問した後、米国の教育者に対して韓国の教育を見習わなければならないと説き聞かせたのはよく知られた事実である。いかなる姿を見たのだろうか。度を超えて一生懸命に勉強する韓国の学生、教育に対して燃え上がる両親の情熱、教育に対する高い国家的・私的投資、秩序立って動いていると思われる教育行政等。韓国はまた、現在世界でもっとも高い教育水準を保持する国である。中学生の90％が高校に進学して、そのうちの80％が専門大学（実学志向が強い短期高等教育機関）を含む大学に進学する。２０２１年のＯＥＣＤ教育指標によれば、満25～34歳の高等教育履修率は69・８％でＯＥＣＤ加盟国中１位である。英国と米国は50％台前半でフランスは48％、ドイツは33％に過ぎない。

それならば、韓国人は当然韓国の教育制度がつくり上げた教育的な成果について誇りに思い、また満足すべきではないか。しかしながら反対に、教育システムに対しての不満が極度に多い。なぜそうなるのか。さまざまな理由があるだろうがもっとも重要な問題は、韓国において教育が非常に競争的で、費用が多くかかり、子どもと両親にはなはだしいストレスを抱えさせるからである。韓国のグローバル化が進んでいくなかで、このような側面はよりいっそう悪化した。したがって多くの社会調査の結果に現れるとおり、韓国人は教育問題を現在もっとも深刻な社会問題として選ぶ傾向がある。このような不満は、特に中間階級の親の間で強く現れる。実際に教育問題は、多くの中産層の家族が米国やカナダ、オーストラリア等に移住したがる主な理由でもある。

教育熱と平等意識

ならば、なぜこのような矛盾をはらむ教育制度が形成されたのか。これについて説明をするのにもっとも多く登場する概念は、教育熱である。韓国人はひときわ教育熱が高く、多くの両親は自分の子どもの教育のためにはいかなる犠牲をもいとわない覚悟をもつ。ゆえに、教育競争が熾烈になっていくしかないのである。ならば、なぜ韓国人はそのように高い教育熱をもつようになったのか。それについての答えも簡単である。すなわち、主要な理由は教育を重視する儒教的な伝統のためである。実際に、儒教の伝統をもつ中国、台湾、日本、ベトナムは教育熱が高い。もちろん、儒教の伝統をもつ民族だけが教育熱が高いのではない。ユダヤ人の高い教育熱と教育の達成は世界的によく知られる事実である。しかし、韓国人の高い教育熱が儒教の伝統と関連していることは疑いの余地がないだろう。

そうだとしても、韓国の教育熱を単に儒教的な伝統の結果としてのみ理解するのでは不十分である。それに劣らず重要なのは、韓国が20世紀に経た激動の歴史的経験である。大日本帝国による植民地支配からはじまり、解放直後の南北分断、6・25動乱〔朝鮮戦争〕等、劇的な変化を経ながら、韓国の支配階級は没落して儒教的な身分制度は破壊された。韓国戦争〔朝鮮戦争〕が休戦した1953年当時、韓国はほとんど無階級(classless)社会になっており、人びとは互いを見つめて、あなたもわたしも同じ位置にいる人である、と考えるようになった。そうして、平等主義が韓国の核心的な社会の価値として根づくようになったのである。なおかつ1960年代以降、急速な経済発展によって多くの者が中産層へと上昇して、韓国人の平等意識はいっそう深まった。日々の経済的な問題を解決してある程度の余裕を得るようになった多くの人びとは、自分が獲得した資源を子どもの教育に投資しはじめた。そして政府は、公教育の機会を急速に拡大してこの野心をいっそうたきつけた。とすれば、韓国のずば抜けて高い教育熱は、単純に過去から連綿と続く儒教的な伝統のためだけではなく、既存の身分制度を崩壊させ、大衆に階層移動の門を開いた激動の韓国現代史によって形成されたのである。

韓国の高い教育熱がこのように強力な平等主義と関連して形成されたのと同時に、社会的な合意も成り立った。すなわち、教育によって身分を決定しようという発想である。儒教の伝統において他の価値はほとんど崩壊したが、教育に対するこの信念はいっそう強固なものとなった。教育によって社会的な身分と報酬を決定することについて、異議を唱える人はほとんどいないだろう。そうして韓国人の、教育が公正でなければならないという信念も同じように強くなった。教育はすべての人に開かれており、教育競争は公正な規則にしたがって進められると信じたがる。このような期待が裏切られると、特にその規則を裏切った者が富や権力をもつ者である場合、韓国人は強く反発するのである。最近起きた曺国事件と朴槿恵大統領弾劾はいずれも、自身や側近の子どもの教育不正と深く関連があった。これらに対する国民の大きな反感は、その事実をはっきりと立証している。

学閥社会

だが詳細に探ってみると、韓国人の強い教育熱は教育の真の意味とは少し異なる。大部分の韓国人にとって教育の重要性は、知識を学び教養を広げ人格を修養するところにあるのではなく、社会でよい待遇を受け、成功するのに必要な学歴や学閥を得るところにある。学歴は、学校教育をどの程度受けたのかという問題である。俗に〈カバンの紐が長い／短い〉とも表現される学歴は、就職市場で一次的に重要な選抜基準になる。他の国より教育水準が著しく高い韓国社会において現在、大学の卒業証書がなければ多くの差別を受け、よい職場に就職する道が閉ざされることとなる。また大学を出たとしても、どの大学を出たのかが個人の人生の経路を決定する重要な要因となる。ゆえに学閥というものが重要なのである。韓国において学閥は、出身校の名声とその学校の同窓生の社会的ネットワークによって形成される。結局、学閥とは名門大学を卒業して、その学校の同窓生の強い人的ネットワークの一員になることを意味する。そのため韓国社会で学閥は、社会的な身分と地位にもっとも重要な影響を及ぼす文化資本である。韓国の中産層の親の強い教育熱は結局、子どもの名門大学入学とよい学閥の獲得を願う欲求なのである。韓国で広がる熾烈な教育競争は、根本的によい学閥を勝ち取るための闘争である。

構造的にみるとき、学閥がつくられ維持されつづけるのは大学の序列構造のためである。この序列構造の最上部に位置するソウル大学、高麗大学、延世大学はＳＫＹ〔3大学の英文表記の頭文字〕大学として海外でもよく知られているが、それらが占めるエリート大学としての位置は植民地支配からの解放以降少しも変わらない。ここ最近成均館大学が大きく発展して、この先どのような変化をもたらすかわからないが、現時点ではSKY3大学を中心とした垂直的な序列構造に割って入ることができていない。なかでもソウル大学は別格で、大学の規模や財源、人的資源、そして国内外の名声の面で他の大学の追随を許さない。この3大学の出身者が韓国社会の各分野で高位の職を独占するのは、しばしば日刊紙に報道される事実である。一つの例として、2016年『ハンギョレ』紙で報道された記事は次のとおりである。

2016年10月時点の〈キャリア官僚集団〉1411人中いわゆる〈SKY（ソウル大、高麗大、延世大）〉出身者は780人で、全体の55・2％（ソウル大33・7％）にもなる。2013年の48・0％からむしろ増えた。大法院が今年新規任用したキャリア裁判官のうち84％、今年の春に実施された第20代総選挙で選挙区から選出された国会議員253人のうち48・2％（122人）がこの3大学の学部出身者である。また500の大企業の最高経営者の半分がこの3大学を出ており（2015年）、4年制以上の大学の総長の30％以上がソウル大出身者である（2009年時点）。このように、長い期間歴代すべての政府が押し進めてきた学閥打破政策が、実際は徒労に過ぎなかったというわけである。[1]

2000年代に入って変わったことがあるとするならば、大学の序列がいっそう一直線に体系化され、首都圏と地方の格差がより開いたことである。そうしてソウル首都圏所在の10余りの大学が相応に〈名門大学〉の位置を占めるようになり、地方の大学と差別化された。その代わり、過去に長い伝統を誇ってきた地方の主要な公立大学が大きく萎縮させられた。この大学の序列構造の一番の底辺にいる地方私立大学は、はなはだしくは「地方の雑多な大学」という言葉の頭文字をとって〈チジャプデ(地雑大)〉という名前まで付けられる屈辱を受けている。

どの国にも大学の序列構造は存在する。だが、韓国はひときわ垂直的で硬直した序列構造をもっている。米国はもちろんのこと、類似した教育構造をもつ日本と比較してみても、より垂直的で硬直している。米国でもハーバード大学は自他ともに認めるもっとも権威ある大学である。だが、米国ではこの大学以外にもイェール、プリンストン、コロンビア等、アイビーリーグに属する8つの名門私立大学があり、西部ではスタンフォードとカリフォルニア大学バークレー校がそれらの大学に劣らぬ名声を博している。日本でももちろん東京大学がもっとも権威ある大学として知られているが、それ以外にも京都大学、早稲田大学、慶應義塾大学、大阪大学、東北大学等、いくつもの国公立・私立大学が錚々たる名声と卒業生の高い就職率を維持する。そして東京大学出身者が政界と霞が関で幅を利かせているならば、慶應義塾大学出身者は財界でCEOの座を多く占める。これに比べて韓国の大学の序列は、一列に並べられる単純で垂直的な体系をもっている。そして、この序列は政治、経済、文化といった分野に関係なくすべてに適用される。

だが韓国の大学序列と学閥構造のより重要な特徴は、これが縁故主義と密着する点である。同じ大学の出身者が同属意識をもち、非常に密な人脈でつながって、就職や昇進等で互いに引っ張ってやったり、推してやったりする行為はよく見られる。他の縁故主義と同じように学閥によって形成された縁故主義は、自分と同じ集団に属す人びとは庇護してやって、他の集団を排除したり排斥したりする行為としてしばしば現れるのである。同窓生が社会の上層部に多く陣取る名門大学を出るのが重要な理由が、まさにここにある。学閥は個人が大学入試の時期に決定した後、一生涯ついて回る一種の身分証明書のような役割をするようになる。一度決められた学閥は変わらず、また別の方法で代替するのもほとんど不可能である。本当に恐ろしい烙印といえる。キム・ドンチュン(Kim, Dong-Choon／金東椿)が的確に指摘したように、「韓国の受験生にとって大学序列は、以降の人生の進路と直結し、一度決まれば覆すのが難しい、もっとも厳しい地位の序列であり階級である(2)」。

高校平準化政策

どの国の人であっても教育熱が高いのはいいことである。実際に、この半世紀の間に成し遂げられた韓国の驚くべき経済成長は、高い教育熱とよく教育を受けた労働力によって可能となった。しかし教育熱が極めて激しい教育競争をまねき、富裕層がこの競争を自分たちに有利な展開へと持ち込もうとする際には、深刻な社会葛藤が誘発されうる。韓国では1960年代後半にすでにこのような問題が台頭しはじめた。経済発展によって国民所得が増え、豊かな家庭では子どもが家庭教師による高額な課外授業〔学校外授業〕を受ける潮流が始まった。その当時の日刊紙には高額な課外授業に関する記事がしばしば掲載されたが、これらの記事によると、多くの現職教師が副業で家庭教師として高額な課外授業をするのであった。課外授業の増加が深刻な社会的イシューとして登場すると、軍事政権の正当性を害するのを憂慮した朴正熙政権は特別な措置をとるようなった。1969年に中学校平準化政策を始め、4年後には高校平準化政策を施行した。これによって短期間に高校の序列構造はなくなり、公立学校の構造が平等になった。このように型破りな教育改革はおそらく世界的にもほとんど類のない事例で、極めて興味深い教育的実験でもある。

　高校平準化政策はもちろんさまざまな肯定的な効果をもたらした。小中学校の児童・生徒を〈試験地獄〉から解放し、課外授業の弊害を減らし、貧しい家庭の生徒に豊かな家庭の生徒と同じ教育を受ける機会を与えた。しかし時間が経つにつれて、この政策は、肯定的な効果よりは否定的な結果をより多くまねいた。もっとも重要な否定的結果は、現在の韓国教育のもっとも慢性的な問題である私教育市場の膨張である。課外授業という私教育の弊害をなくすためにとった高校平準化政策がむしろ私教育市場に火をつける結果をもたらしたのは、確かに興味深い矛盾である。その根本要因は富裕層の教育戦略と関連がある。彼らの目に高校平準化はとりもなおさず教育の下降平準化をもたらす政策と映り、自分の子どもが競争力のある位置を剝奪されることを意味した。それへの対策として彼らは、私教育市場で自分の子どもが他の子どもよりすぐれた教育を受けられる方法を探すようになった。その要求に歩調を合わせて、家庭教師と私設の塾が急速に増加した。このような現象を統制するために、全斗煥《チョンドゥファン》政権（1980〜1988）は法律で課外授業教育を禁止して厳重に取り締まった。だが、子どもをよい大学に通わせたい中産層家庭はいかなる手段を動員してでも、子どもの入試での競争力を高めようとした。その結果、政府の抑圧的な措置にもかかわらず、密かに課外授業教育は続いた。

　そのような動きと同時に、高校平準化政策は政府自身のまた別の政策によって崩れはじめた。一つは、政府が江南開発のために江北にあった名門高校を江南に移転させたことであった。その結果として、江南の富裕層が住む地域にいわゆる〈8学区〉という特殊な教育区が形成された。この場所に新しく立ち並んだ往時の名門高校は、地域の物質的な条件と生徒の家庭環境、両親の熱意等に乗じて容易に名門校として再登場するに至った。もう一つは、国家が韓国経済をさらに高い段階に発展させるために必要であるという名目で、高度な技術人材を育て上げる特殊目的高等学校(特目高)の設立を認めたことである。特目高は高校平準化政策の各種制約から除外され、学校の裁量にしたがって生徒を選抜してカリキュラムを運営できる特権を付与された。こうして設立された特目高が新たな名門高校として上りつめるまでに長くはかからなかった。韓国で名門高校とは結局、どれだけ多くの卒業生が名門大学に進学しているかによって決まるが、この点で特目高は卓越した成果を誇示したからである。資料によると、2013年に公立学校と特目高のSKY大学合格率の差は9倍に達した。公立高校では1・4%がこれらの大学に進学したが、特目高の場合は12%に達した[3]。

振り返ってみると、高校平準化政策の根本的な欠陥はこの政策が高校の序列は撤廃したが、大学のヒエラルキーには手をつけられなかったところにある。大学の序列はそのままにして中学校、高校の序列だけを廃止したのは、大学入試戦争を後ろ倒しにする結果を生んだに過ぎず、それをなくしたり弱めたりする作用を及ぼせなかったためである。そうだとしても、大学の序列を人為的に廃止するのは教育的なメリット・デメリットを離れ、現実的にはあまりにも難しいことであった。それは間違いなく名門大学、特にソウル大学の学閥を形成している既得権勢力のすさまじい抵抗に相対して争わなければならないことだったからである。いくら強大な力をもった独裁政権であっても、容易にできる選択ではけっしてなかった。結果的に平準化政策は、意図はよかったが予見できなかった多くの副作用を生み、韓国の教育の現実をいっそう厳しいものにする結果をもたらした。

私教育市場

韓国の教育制度のもっとも際立った特徴の一つは、私教育の比重が他のどの国よりも高い点である。生徒の親たちはとんでもない高額な費用を私教育費として支出しており、生徒たちは学校の正規授業に劣らない多くの時間を塾や個人レッスン等の課外授業に費やしている。放課後の長時間にわたる課外授業で精魂を使い果たし、翌日学校に来ては机に突っ伏して寝る生徒が多いのも、韓国の学校の特徴の一つである。生徒とその親が私教育によって受ける精神的・物質的な被害は筆舌に尽くしがたいが、私教育市場はこの20年間膨張しつづけてきた。私教育市場のいびつな発達によって公教育制度は疲弊していき、多くの親と生徒は学校の授業より私教育をいっそう重要視するようになった。

先に言及したように、韓国で課外教育は１９８０年に全斗煥政権の〈7・30教育改革措置〉によって法的に禁じられてきた。そして、２０００年4月に憲法裁判所は全斗煥政権の課外教育不法化措置が違憲であるという決定を下した。これによってその間、新自由主義的な傾向の教育指導者と富裕層の親が要求しつづけてきた課外授業自由化が制度として達成されたのである。陰で目につかないように進められてきた課外教育は日の目を見ることとなり、２０００年代に入って私教育市場は爆発的に膨張した（図6-1参照）。私教育市場の急速な膨張とともに、各家庭の私教育費支出もまた急速に増加した。韓国教育開発院が２０１１年に発表した資料によると、１９９０年に1万７６５２ウォンで

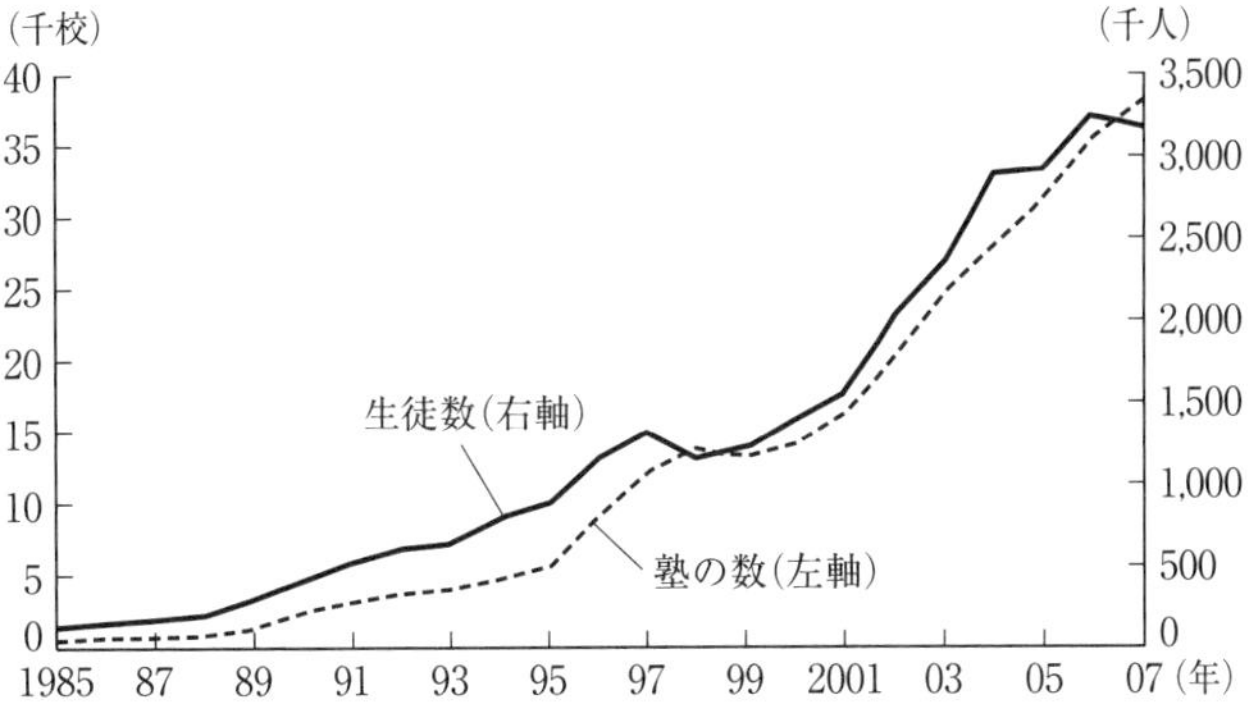

出所：송경원「지난 20 년 사교육 추세」민주평등사회를 위한 전국교수연구자협의회, 2008.

図 6-1　塾と生徒の数(1985～2007 年)

あった世帯当たりの月平均私教育費は、２０１０年になると18万７３９６ウォンと10倍以上に増加した。物価指数を反映した実質私教育費で計算しても3倍の増加である。ＯＥＣＤの資料によると、２０００年代前半の韓国はＯＥＣＤ加盟国の中で国民総生産（ＧＮＰ）に占める私教育費の割合がもっとも高い国になっていた。韓国の私教育費支出は米国、オーストラリア、カナダ、日本より高く、２００６年はＯＥＣＤ平均の4倍に達した[4]。

なぜ韓国ではこのように奇妙なかたちで私教育市場が発達したのか。これについてはよく韓国人の並外れた教育熱と朴正熙政権が推進した高校平準化政策が主な原因とされる。平準化政策が施行されて以降、多くの中産層以上の家庭が自分の子どもに有利な教育機会を与えるため私教育市場を求めたのは事実である。だがもう一つの事実は、平準化政策以前にすでに課外授業教育が富裕層を中心に流行しはじめており、朴正熙政権がこの政策を無理に施行した理由は課外教育ブームを防ぎ学校教育を正常化しようとするところにあったことである。平準化政策の施行以降も、政府は私教育市場を抑制しようと政府なりに多くの労力を費やした。全斗煥政権がとった課外教育の不法化措置が代表的である。だが、このような権威主義的な政策が効果を得られない根本的な要因は、韓国の変わらない大学序列構造と名門大学の学閥に対する中産層家庭の強い欲求である。この欲求は1990年代以降大学に進学する人口が急激に増え、経済発展の鈍化にしたがって就職市場の停滞が進むといっそう高まった。このような状況で、経済的に余裕がある家庭はいかなる方法を使ってでも子どもを教育競争で成功させるために努力するようになったのである。このようにみると、私教育市場の発達の根本的な要因は韓国の学閥構造であり、これを勝ち取るための競争で他人よりいっそう有利な位置を占めようと努力する富裕層の欲求、そして階級的な戦略といえる。

スペック闘争

2000年代に入って大学生の口からもっともよく聞くようになった単語は、おそらく〈スペック(spec)〉であろう。英語の〈specification〉から派生したこの単語は、当初は就職市場との関連で登場したものである。すなわち、就活生が取りそろえなければならないと思われている、よい成績、TOEICのスコア、各種資格、受賞歴、海外研修やインターン経験等を意味する。21世紀の韓国経済が先進資本主義体制へと変わりグローバル化して、企業が要求する人材は単純に高い学力をもつ者ではなく、さまざまな技術をもち創意に富み柔軟性の高い労働力になった。そして企業は、このような多様な能力を客観的かつ量的に測定できる指標で提示することを求めるようになった。新自由主義的な経済体制において、スペックは当然もっとも便利で有効な労働力の選抜手段となったのである。それゆえ学生としては、他の学生より突出したスペックを積み重ねるのが就職市場に臨む際にもっとも切実な目標となるわけである。２０００年代に入って大学定員が大きく増加しても、みなが就職を希望する大企業や公共機関の職は増えなかった状況で、学生にとってきちんとしたスペックを積み重ねることがいっそう切実になった。したがって大学生は、学科の勉強よりスペックに役立つことを求めて途方もない努力をするようになったのである。スペックに対する執着は、上位圏の大学の学生にいっそう強く現れた。なぜなら、彼らの希望する大企業や公共機関がこのスペックをいっそう重要視するからである。名門大学の学生のスペックに対する執着と新自由主義的な考え方を、延世大学の人類学者チョ・ヘジョン(Cho, Hae-joang)は次のように描写する。

学生は名門大学に入学して、それも有名な学科に入ってからも英語能力試験で高い点数を取るための勉強に没頭していて、多様な公募展や資格試験の準備に心を砕き、海外研修やインターンシップのような機会を一生懸命探す。(……)スペックを上げることに没頭している若者は、時間の浪費に耐えられない。私の学生たちは幼いころから時間管理を実践してきたと言う。私はこの学生たちが自己啓発についての新自由主義的マニュアル本を好んで読むという事実も知ることとなった。(5)

チョ・ヘジョンが観察したこの姿が示すのは、新自由主義イデオロギーが現在の韓国の学生たちの精神的な生にどれだけ深く浸透しているのかということである。新自由主義は労働力を市場で売買される一つの商品のように取り扱い、その商品の市場価値と効用による価値付与を当然視する理念である。自然と学生はみずからを市場で売るべき商品として考え、自分の商品価値を高めるためスペックを上げることにしがみつくようになったのである。今日、学生は興味深い本を読んだり社会的・文化的に意味のある活動に参加したりする時間も、それに対する関心もないほどに、スペックを上げることに囚われていると考えられる。

だが、スペックは就職準備をする大学生だけでなく、大学入試を準備する高校生にも重要な課題となった。特に、名門大学入学を準備する生徒にはよりいっそう重要である。スペックが高校生にとって重要になったのは、もちろん近年導入された新たな入試制度が原因である。政府は2000年代に入って何度も入試制度を変更した。大枠の方向性は新自由主義方式である。つまり、生徒の能力を、学業を主とする単純な客観的試験ではなくもっと多様な方法で評価して、生徒にさまざまな入学選考の中から一つを選択する機会を与える方式に変更したのである。そして、大学側には一定の時期に試験の成績で選抜する定時入試（一般入試）以外に、多様な方法で生徒の知的能力と潜在能力を評価して選抜する随時入試（早期入試）を認めた。随時入試は米国で用いられる早期選抜（early admission）制度が採択されたものであり、米国と同じように優秀な生徒を定時入試前に選抜する制度である。それゆえ、名門大学を志望する優秀な生徒のほとんどは随時入試を希望するようになり、そのために華やかなスペックを準備する必要が生じたのである。したがって、他の生徒よりすぐれたスペックを積み重ねるための競争は日増しに熾烈になり、この競争には生徒自身だけでなく生徒の親も積極的に加わるほかなかった。不幸にも韓国の入試競争で成功するのに必要なスペックは、生徒一人ではほとんど達成できない水準に達しているからである。

ここ最近、韓国社会で大変な関心事となったのが、まさに政治的な有力者の子どものスペックづくりに関する問題である。曹国前法務部長官の娘が学校の成績はよくなかったにもかかわらず高麗大学と釜山大学医学専門大学院に入学できたのは、まさにその華やかなスペックのおかげだった。インターネット上に書かれていたそのスペックは実にすばらしい。国際試験であるＳＡＴ（Scholastic Aptitude Test、大学進学適性テスト）とＴＥＰＳ（Test of English Proficiency developed by Seoul National University、１９９９年に初めて実施された韓国の英語能力評価試験）、ＴＯＥＩＣ等の英語試験の非常に高い点数、いくつもの大学研究所でのインターン経験、筆頭著者論文の国内医学学術誌への掲載、国連機関における海外ボランティア活動等、華やかである。このうちの一部が誇張、あるいは不正な方法で取得されたと裁判所の判決が下ったのである。この事件が示すのは、現在韓国では名門大学に入学するために生徒がスペックを積み重ねることにほとんど狂ったようにしがみついていて、場合によっては不正をもいとわないという事実である。そして彼らの両親は、あらゆる人脈と情報を活用して子どもがスペックを上げるのを助ける。権力者の子どもたちの虚偽スペックに関する新聞記事は尽きることがない。ここ最近では、尹錫悦《ユンソンニョル》政権（２０２２～）の強力な実力者として登場した韓東勲《ハンドンフン》法務部長官の娘が高校生で国際学術誌に論文を掲載したと報道され、まもなくその寄稿したジャーナルがいわゆる金さえ出せば論文を載せるハゲタカジャーナルであるのも明らかになった。虚偽スペックの積み重ねは、政治権力者の家庭のみで起きることではもちろんない。インテリ階層の不正行為もそれに劣らないようである。たとえば２０１９年の教育部（韓国の「部」は日本の「省」に相当）の調査によると、２００７

年以降の10年余りの間に87人の大学教員が139件の論文に子どもを共著者として掲載して、このうち8件に研究不正行為が確認された[6]。

だが、富裕エリート層による子どものスペックのための努力は、ほとんどが極めて合法的で公正な方法で成し遂げられているのである。そして、このような努力は単に個々人の家庭単位でのみおこなわれているのではない。より集団的で階層的な単位で進められることもある。これに関して江南の教育現場を鋭く観察したチョ・ジャンフンは、2008年に入学査定官制〔入学査定官(Admissions Officer)が書類や面接等のさまざまな参考資料を用いて学生を選抜する制度〕が施行された後、江南の高校で広がった現象を次のように記述する。

経済的に豊かであったり両親の学力水準が高い家の子どもは、授業が終わると弁護士のオフィスへ、検察庁へ、病院へ、社会事業団体へと車で運ばれて、インターンとして働いたりボランティア活動をしたりした。大学へ、研究所へ〈配達されて〉理解できない実験に参加したり、ごくごく些細な役割を果たしたりして論文に名前を載せた。この階層は、子どもたちの外部受賞実績を増やすために新しい大会と団体をつくりつづけた。学校ごとに、地域ごとに模擬国会と模擬法廷が数えきれないほど出現した。2007年に全国で3団体だけだった模擬国連会議は、2013年にはソウルだけでも60以上できた[7]。

ここからわかるのは、子どもたちの教育において競争力を上げようとする努力は、ある特定の個人や集団だけで起きることではない点である。これはすべての階層でも起きることである。富裕層と知識エリート層は、自分たちに有利な教育政策を守り抜くために政治的影響力を行使することもあり、世論を醸成するために共同で努力することもある。この20年余りの間いくども新自由主義的な入試制度が導入される過程で、もっとも素早く動きうまく対処した階級がまさに彼らである。そして私教育市場は、彼らの要求に対して積極的に協力する方向へと変化してきた。

教育による階級世襲

現代社会の階級世襲は、およそ二つの方法によって成し遂げられる。一つは両親が子どもに財産を直接相続する形態であり、もう一つは教育による方法である。韓国社会でももちろんこの二つの階級世襲が成し遂げられており、両方の形態で階級世襲が強化される趨勢である。キム・ナンニョンの研究によれば、2000年代以降韓国でも貯蓄による資産蓄積よりは相続による資産蓄積が強化された[8]。富の蓄積において相続が寄与した比重は、1990年代の29%から2000年代には38%へと増加した。だが、いっそう重要な階級世襲方法は教育によるものである。この方法は中産層家庭にとって重要で、上位中産層の専門職、または管理職家庭で特に重要である。資産をたくさんもっている金持ちには、教育が階級世襲でそれほど重要にはならない。彼らの財産や事業体を子どもに譲り渡せばよいからである。だが専門職・管理職の中産層家庭では、教育がほとんど唯一の階級世襲方法である。そのため、彼らは子どもの名門大学入学に命懸けで全力投球するのである。

先述したとおり、韓国の教育体制は私教育市場が支配する環境となり、大学入試制度はますます多様化して新自由主義的なものへと切り替えられながら中産層家庭に有利な方向へと変わってきた。当然、子どもの教育的な成功が両親の経済的・社会的な資産によって決定される程度は以前よりずっと高まった。このような目算に対する直感的な印象を裏づける学問的な研究や実証的な資料はそれほど多くない。韓国の教育不平等問題を分析した多くの研究者は、江南と非江南の教育における差異に焦点を当てている。それだけ現在の韓国社会で江南は、富裕中産層を表す記号として受け入れられているからである。江南と江北を比較したいくつかの資料をみてみよう。

ソウル大学が提供した資料を利用して、この大学の教員であるキム・セジク(Kim, Se-Jik)はソウル大学の合格率が江南と江北という住居地域によってどれほどの違いがあるかを分析した[9]。彼の分析結果によれば2014年、ソウルの25自治区のうち江北区ではソウル大学合格者が生徒100人あたり0・1人であったが、江南区では2・1人であった。実に21倍の差が出たのである。瑞草区は1・5人、松坡区は0・8人で、江南区よりは少し落ちるが江北のほとんどすべての自治区よりはるかに高い合格率を見せた。

2015年9月4日、国会の教育文化体育観光委員会所属のチョ・ジョンシク(Cho, Jung-Sik)議員(新政治民主連合)がソウル大学から提出を受けた資料によると、2015年度入試でもソウル大学の随時入試および定時入試の合格者3261人中ソウル、京畿《キョンギ》、仁川《インチョン》に所在する高校出身者は2064人(63・29%)に達することが調査から明らかになった。首都圏出身者の比率は2011年の55・2%から2014年には61%へと増加した。首都圏と地方の差が非常に大きいことを示す。そしてソウル内部では、江南地域の高校の生徒の集中が際立った。ソウルの25自治区のうち江南3区(江南区、瑞草区、松坡区)の高校出身者が合計432人(33・07%)で、ソウル出身のソウル大学合格者の3人に1人は江南3区出身であることが明らかになった[10]。

『中央日報』が2012年、入試専門業者のハヌル教育と共同でソウル市内の一般系高等学校(日本の普通科高校に相当)133校を調査した結果、江南区に所在する高校の卒業生100人あたり15人がSKY大学に進学していた。瑞草区に所在する高校では11・1%がSKY大学に入学した。そして徽文高校、中東《チュンドン》高校のような江南の代表的な名門高校では、卒業生5人に1人の割合で3大学合格者が出た[11]。

両親の経済力が子どもの教育へ及ぼす影響を測定する際、江南と江北地域だけを比較するのは不十分であろう。実際に、江南地域の内部でも江北地域の内部でもそれぞれの自治区ごとに小さくない違いが存在するからである。キム・セジクは自治区別の不動産価格とソウル大学合格率の間に存在する相関関係を分析した。図6-2からわかるのは、各自治区の平均マンション価格とその地域の生徒のソウル大学合格率の間に高い相関が存在することである。経済的に豊かな地域に住む生徒であるほど、ソウル大学に入学する可能性が高いことを示している。その地域に所在する高校の質も重要であろうが、結局私教育市場の規模と質が重要な影響を及ぼしたのである。

両親の経済的地位が子どもの入試結果に及ぼす影響力が大きくなっていくほど、大学の序列順位には学生の両親の経済力が密接に関係する。すなわち、序列上位の大学になるほど在学生の家庭がいっそう富裕な層に属することを意味する。2020年11月に韓国奨学財団が国会の教育委員会に提出した国政監査資料によると、SKY大学の新入生の半分以上が高所得層の子女であることがわかる。こ

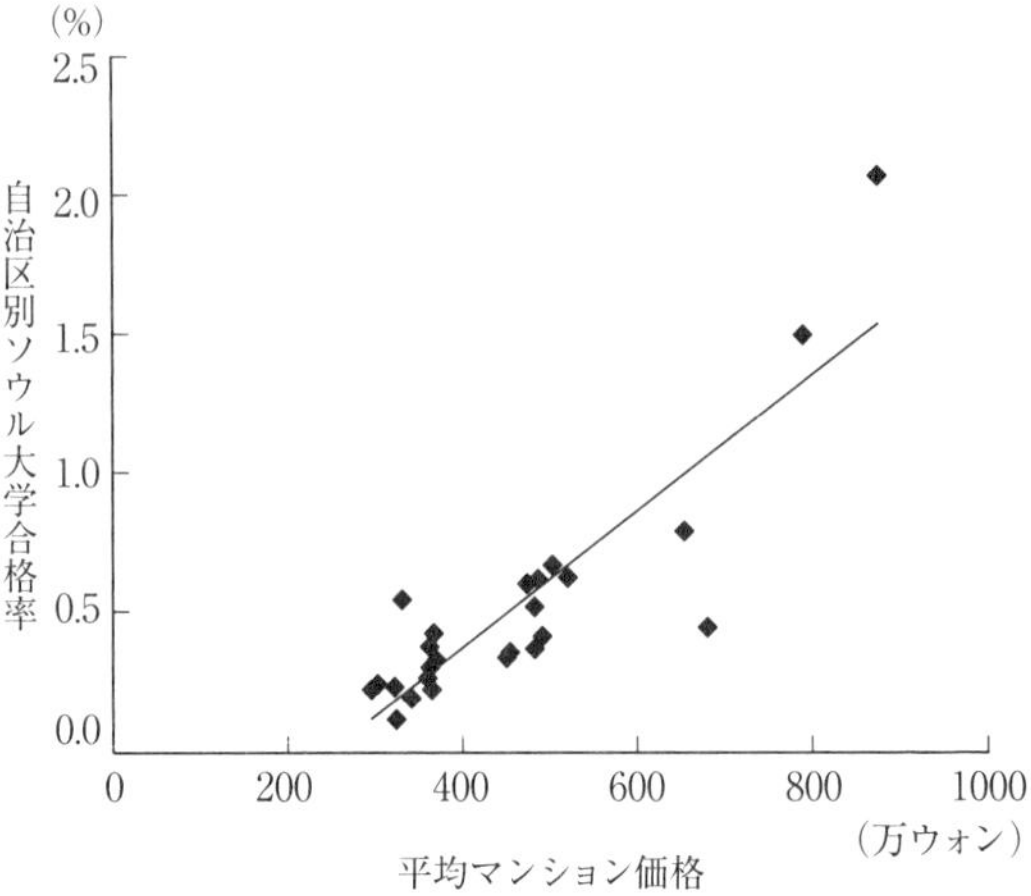

注：マンションの価格は，2014 年 4 月 5 日基準の 1 m² あたりの価格．ソウル大学合格率は，補欠合格者を考慮せず，当初の合格者を基準とする．
出所：김세직「경제성장과 교육의 공정경쟁」『경제논집』53 권 1 호，2014.

図 6‒2　マンション価格とソウル大学合格率（2014 年）

の中でもっとも豊かに暮らす階層である10分位（月1427万ウォン超）と9分位（月949万～1427万ウォン）がSKY大学の場合55・1％も占めることになる（世帯を所得の低いほうから高いほうに並べて世帯数が等しくなるように10等分し、もっとも所得の高いグループから10分位、9分位、……となる）。SKYを除く他の大学の平均（25・6％）の2倍以上である。最上層である10分位だけを取り出してみるとSKY大学では37・9％で、他大学の12・2％の3倍以上である。[12]

両親の社会的・経済的地位が子どもの教育達成に及ぼす影響は、過去に比べていっそう大きくなったことを実証的に証明する研究もある。延世大学のキム・ヨンミ（Kim, Young-Mi）は、子どもがソウルに所在する大学に進学するのに両親の地位（学力と職業）が与える影響が年齢と世代別にどの程度異なるかを調査した。[13] この研究結果によると、両親の地位の効果は30代より20代においていっそう大きく現れた。

先に記述したとおり、現在、韓国社会の教育不平等は社会全般に存在するのであるが、富裕エリート層と一般中産層の間でいっそう克明に現れる。まさにこの階級の境界線上でもっとも熾烈な教育競争が起きているのである。過去に中産層に属した大部分の人びとが似通った教育機会を得て、教育によって社会的な上昇移動を経験したのとは異なり、現在の韓国社会では少数の特権的な中産階層と一般中産層の間に厳然たる教育機会の差が存在する。前者は、私教育市場によって自分の子どもの教育における競争力を一段と強化している。なおかつ新自由主義式の入試制度の変化は経済的資産だけでなく、社会的・文化的資産を所有する階層にいっそう有利な教育環境を創出している。それゆえ現在の韓国社会に現れる階級的な教育不平等を正確に把握するためには、このような階級の上層部で現れる教育機会の不平等を詳細に分析しなければならないが、そのような視点からなされた研究はそれほど多くない。

本章では、韓国の教育不平等という問題を主に国内教育市場に限定して検討した。だが、21世紀に入って韓国経済が急速にグローバル化されるにつれ、韓国の教育も同じ速さでグローバル化された。多くの子どもが幼いころから留学するようになり、大学生が外国の大学で学位や語学研修を受ける方法も多様化した。次第にグローバルな、またはコスモポリタン的な文化資産を取得することが、韓国において上流層へ入っていくために切実に必要な資格要件となった。それにしたがって経済的・文化的な資本を所有する富裕中産層の教育戦略も変わっていき、彼らの子どもと一般中産層の子どもの間の教育機会格差がさらに拡大した。次章では、このグローバル化された教育市場に現れる教育競争について取り上げようと思う。

7章
グローバル教育戦略

2005年1月9日、『ワシントンポスト』紙は米国に移住したある韓国人家族についての比較的長いエッセイを掲載した。メリーランド近郊に定着した渡り鳥(기러기)家族の話である。キム氏一家と呼ばれるこの家族は4歳、11歳、13歳になる子ども3人と母親で構成されていた。彼らは子どもの教育のために米国に来て、家長である父親は韓国である会社の重役として働いている。この新聞記事はキム氏一家を次のように描写した。「彼らは渡り鳥家族と呼ばれる。彼らは海を隔てて生きていく韓国人家族である。両親は子どもが米国でよい教育を受けることを願い、そのためには家族の別居という対価を支払わなければならない」。記者がインタビューした米国のキム氏一家は、つつがなく暮らしているようである。3人の子どもたちは米国の学校生活にうまく適応して幸せに過ごしていて、母親は子どもたちの教育を管理するのに忙しく暮らし、韓国に残っている父親は毎日国際電話をして年に2~3回米国を訪れて家族と仲よく過ごしている。大きな海を隔てて家族が離れて暮らすことによって生じる情緒的・財政的なコストは非常に大きい。しかし母親の言葉によると、子どもたちがこのようにすばらしい教育環境で育つことができることを考えれば、まったく後悔などないのである。

2008年6月8日付『ニューヨークタイムズ』もよく似た記事を掲載した。タイトルは、「英語教育のために韓国人は父と離別する(For English Studies, Korean Say Goodbye to Dad)」である。ニュージーランドのオークランドに暮らす渡り鳥家族の話である。この記事によると、韓国はどの国よりも多くの留学生を英語圏に送っていて、ニュージーランドではその数が中国人の次に多いという。そしてこの記事は、韓国の現代版教育移民が過去の移民形態とどのように異なるのか、すなわち男性ではなく女性が移民の主体であり、主目的が経済的なものや家族の結びつきではなく純粋に子どもの教育である点等を精緻に記述して、その根本的な原因として韓国の教育制度に対する不満と英語教育の重要性を的確に説明した。

これらの新聞の特集記事は、海外メディアが韓国の渡り鳥家族に対してもっている関心の極めて一部を示すのみである。だが、もちろん韓国人だけがこのような家族別居形態の教育移民を実行するわけではない。香港、台湾、中国にも〈宇宙飛行士（astronauts）〉〈衛星子女（satellite children）〉あるいは〈パラシュートキッズ（parachute kids）〉と呼ばれる幼い年齢の留学生がいる。これらは子ども自身の教育的な目的と同時に、彼らを通じて残りの家族が順番に移住することを可能にする橋渡し役として米国やカナダに送られる子どもの呼称である[1]。しかし、韓国の母親を同伴した早期留学はその規模と程度からみると、世界で当然一番のようである。『ニューヨークタイムズ』は２０００年代初めに米国にいる韓国人の就学児童数が４万人程度と集計した[2]。

韓国の渡り鳥家族現象は、１９９０年代中盤に採択された金泳三《キムヨンサム》政権（１９９３〜１９９８）のグローバル化政策と密接な関係がある。１９９４年に金泳三大統領がシドニーで開かれたＡＰＥＣ会議に参加して発表した〈グローバル化宣言〉以降、韓国では経済はもちろん教育と文化部門でも大きな変化が起き、そのような流れのなかで英語の重要性が大きく浮上しはじめた。そして１９９７年のアジア通貨危機が韓国経済を強打した後、国民は韓国経済が世界経済の中でいかに脆弱なのかに改めて気づいた。今後いっそうグローバル化していく韓国経済の中でうまく生き残るためには、特別な資質を備えていなければならないことも切実に感じるようになった。本章は、グローバル化の過程がいかに中産層家族の教育方式に影響を与え、いかなる方向へ韓国の教育競争を変化させたのかを分析する。特に、上流中産層がグローバル教育市場で選択した教育戦略とその社会的含意を検討しようと思う。

グローバル化と英語ブーム

グローバル化が韓国の教育課程に及ぼしたもっとも大きな影響は、英語の重要性を非常に高めたことである。もちろん、今日英語は全世界で覇権的な地位を享受している。韓国では英語の能力が韓国戦争以降、ひょっとするとそれ以前から特別な実力と見なされ、ほとんどエリートの印のように考えられた。しかし英語がよりいっそう重要になったのは、金泳三大統領のグローバル化政策発表以後である。グローバル化を推進するための教育政策の一環として、政府は中学校から始まっていた英語教育を小学校から開始するよう指示した。この政策の変化は重大な意味をもつ。小学校は不足する有能な英語教師を探すために奔走し、英語教育の質は学校の質を推し量るめやすとして受け取られるようになった。そして両親は、これから英語が高校の入学試験でもっとも重要な科目になるであろうことにただちに気づいた。当然両親は子どもの英語力を伸ばすために必要な手段を講じるようになり、それゆえ英語の私教育が膨張しはじめた。

これと同時に産業構造にも重要な変化が起きた。通貨危機以降、すべての大企業は企業のグローバルな競争力向上に焦点を当て、全社員がグローバル化していく経済構造にうまく適応して、それにふさわしい技術と知識をもつ労働力になることを強調するようになった。管理職に英語力は必須条件と見なされるようになった。それと同時に、数多くの多国籍企業が韓国に入ってきて支店を設立し、高度な人材を高い報酬で引き抜きはじめたのも、英語力の価値を高めた要因である。さらに韓国の財閥級企業もグローバル化戦略を積極的に推進して、グローバルな能力を備えた労働者に高い賃金を支給して特別待遇を始めた。次第に多くの大企業は採用プロセスに英語面接を取り入れるようになった。こうして英語は、新たなグローバル化時代に必須の能力であり経済力のめやすとしての価値を評価されはじめた。適切な水準の英語力が欠如した者はさながら時代から取り残され、グローバル経済環境に対する社会文化的な適性に欠ける人と思われるようになった。

強く吹き荒れたグローバル化の風は、ただちに社会全体を英語ブームに包みこんだ。ほとんどすべての世代の学生と就活生、そして職場のホワイトカラー労働者、政府の役人もまた英語力を伸ばすために各種の私教育に多くの時間とお金をつぎ込むようになった。公教育がその需要をすばやく充足させられなかったため、私教育市場が急速に拡大したのである。ある推計によれば、英語教育市場の規模は2000年代初めに年10兆ウォンに達した。私立の英語塾が2兆ウォン近くを稼ぎ出し、残りは早期留学と関連した部門だった[3]。2006年に『東亜日報』がおこなったアンケート調査によると、小中学校に通う子どもをもつ親の80%が、何らかのかたちで英語の私教育を受けさせていると答え、その年間平均支出は197万ウォンに達した[4]。

早期留学ブーム

英語ブームの中で大部分の中産層の子どもが英語塾に通うようになると、富裕層の親は子どもを英

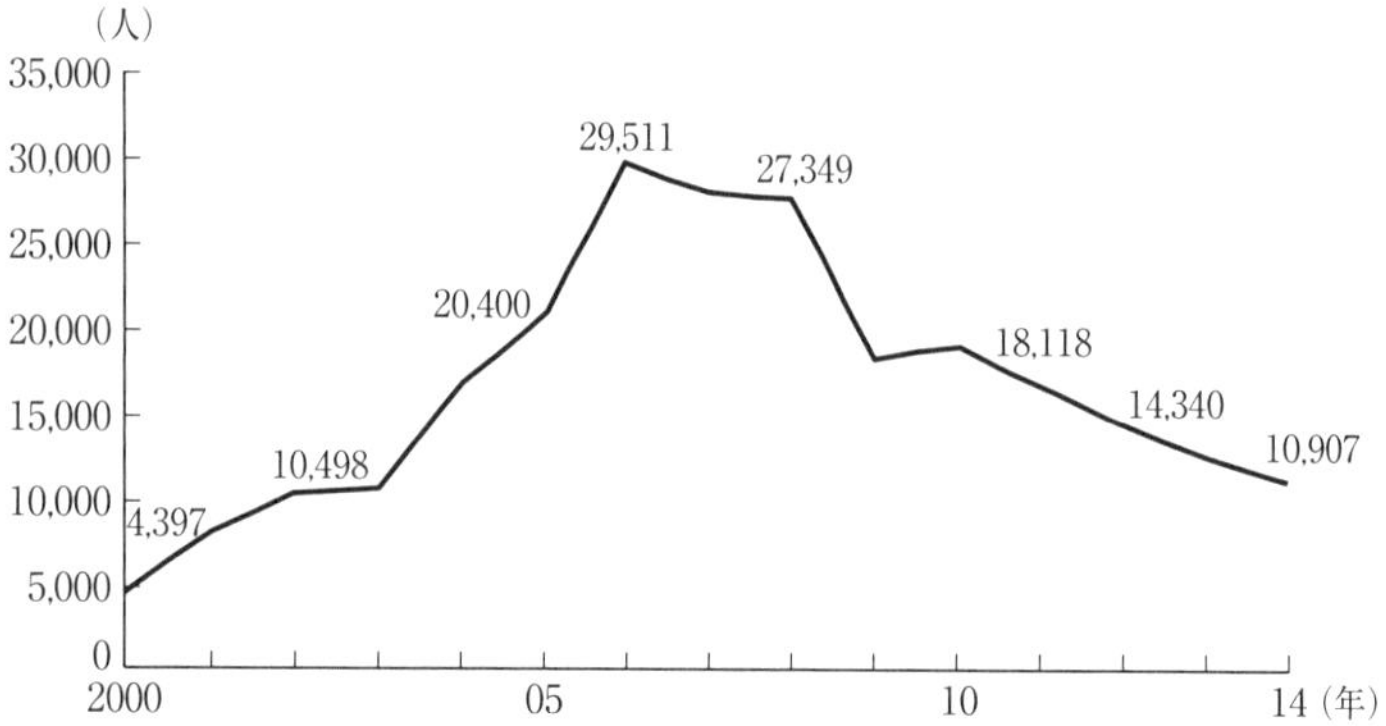

出所：韓国教育統計サービス，2015.

図 7-1　早期留学生数の推移

語塾に通わせるだけでは飽き足らなくなった。もちろん塾によって違いが大きく、経済的に豊かな家庭はできるだけ子どもが英語のネイティブスピーカーから習うことのできる塾や個人レッスンを受けさせたが、時間が経つと彼らはより効率的な方法を模索しはじめた。その解決策が、小学校に通う子どもを幼いうちから米国やカナダなどの地へ早期留学させることであった。

１９８０年代後半までは大学進学前の段階で海外へ出た児童・生徒はごく少数だった。過去に海外留学したのは、主に大学院生やそれ以後の段階の者であった。実際、１９８０年代まで高校生を海外に行かせたり、海外で修学する子どものために送金する行為は法的に禁止されていた。だが、このパターンは１９９０年代末以降急激に変化した。『コリアタイムズ』(韓国の英字新聞)によると、海外で勉強する小学生は１９９８年の２１２人から２００４年の６２７６人へ30倍近く増えた[5]。同じ期間に留学した中学生の数は４７３人から５５６８人へ、高校生は８７７人から４６０２人へ増えた。

図7−1は２０００年から２０１４年の間に早期留学した児

童・生徒の数を示す。ここにあるように、早期留学生は2000年の4397人から2006年の2万9511人まで急増し、それ以降は次第に減っていった。

韓国の早期留学生の特徴は先にみたとおり、その多くが母親を帯同して留学へと旅立つ点である。まれに外国に住んでいる親戚や家族の友人が後見人の役割を果たすこともあるが、大部分は母親が子どもの世話をするために一緒に行くのである。そして父親は、韓国に残って職場の仕事や事業を続けて経済的な後援者の役割を果たす。こうして渡り鳥家族が誕生するのである。渡り鳥家族が主に向かうところは米国だが、カナダ、オーストラリア、ニュージーランド、英国も人気がある。また、英語が教養ある人びとの標準語として通用するインド、フィリピン、シンガポール、南アフリカ共和国も含まれる。実際のところ、1990年代以前にもこれと似た形態の早期留学が一部の韓国の家庭でおこなわれていた。それは、外交官や海外に派遣された企業の幹部、あるいは米国やヨーロッパにサバティカルを過ごしに行った大学教員や研究者の家庭だった。彼らが帰国する際に子どもを米国や英国などの地に残してくる家庭もあり、子どもがあまりにも幼ければ母親がしばらくの間一緒に残ってから帰国する場合もあった。これを初期の渡り鳥家族とみることができる。1990年代以前には、このように外国で中学・高校に通ってから帰国した子どもたちには、特別な選考で名門大学に進学できる特権が付与された。だが1990年代後半に入ってからは、このようなエリートコースの早期留学が海外経験や、つてのない富裕層家庭にまで広範囲に拡散していった。2000年代に入ってからは、海外で子どもに教育を受けさせたいという欲望が単に富裕層だけではなく一般中産層の家庭にも広まった。『東亜日報』が2006年に実施したアンケート調査によると、親の25%が機会さえあれば子どもの教育のために海外へ移住したいと答えた。このような傾向は若い親の間でいっそう顕著で、小学校に通う子どもをもつ30代の両親の場合、41％が子どもの教育のために海外に移住する意思があると明かし、父親の20％は喜んで〈渡り鳥の父〉になる意思があると答えた。

儒教的な渡り鳥家族？

このように、多くの家庭が離散家族の隘路と経済的な負担を押し切って子どもの教育のために渡り鳥家族形態の早期留学を敢行する事実は、多くの外国人にとって理解しがたいことである。特に彼らは、韓国は儒教文化が支配的な社会なのにどうしてこのようなことが可能なのかいぶかしむ。先に引用した『ニューヨークタイムズ』の記事によると、「［この渡り鳥家族が――引用者］何年もの間離れて暮らせば結婚生活は危うくなり、韓国の儒教文化で伝統的に家族の中心であった父の役割は弱まるであろう」。事実、過去の儒教的なイエで期待される父は、きつい仕事場で一生懸命働き、家に戻ってくると優しい妻と従順で聞き分けのよい子どもたちに囲まれて穏やかに暮らす人物だった。母であり妻である女性は、いうまでもなくイエ、子ども、舅と姑のために仕え家庭に縛られていた。父である夫を家に一人残して海の向こうへ渡って生きる妻の姿は、このような規範に完全にそむくように見えるのは事実である。

しかし何人かの研究者が指摘するように、韓国の渡り鳥家族は見かけほど反儒教的な家族形態ではない可能性がある。(6) 反対に、このような家族モデルが実現するのは儒教的な理想のためでもある。私たちがみてきたように、渡り鳥家族の両親の主な動機は、子どもに可能な限り最善の教育を受けさせることである。子どもの教育への献身は、まさに儒教で強調される最高の価値である。儒教的な思考において、子どもの教育は子ども個人の問題ではなく、家族全体の集団的なプロジェクトである。そのうえ子どもの教育が成功するか失敗するかは、ある家族の社会的な名誉や尊重のめやすとなる。それゆえ中産層家庭、特に上流中産層家庭には早期留学が家族の階級地位を維持するための重要な戦略となるのである。

また重要なことは、渡り鳥家族が物理的に離れていても、伝統的な夫婦関係や親子関係が大きく変わってはいない点である。父・夫は主な生計の扶養者として海外にいる家族の生活を支える負担を引き受け、一人で過ごす孤独を甘受することをもって、家族から権威を認められ尊敬される資格をもつ。一方、母・妻は慣れない環境で子どもの教育を管理する重責を遂行して、配偶者から離れて過ごす情緒的なコストを支払わなければならない。したがって、妻と夫は離れている間にも伝統的な義務と権限の関係を維持するようになる。

米国に住む渡り鳥家族の母親たちを深層面接したある研究論文は、このような事実をうまく描写している。

私たちの研究は、渡り鳥家族が韓国にいる他の家族とどれだけ緊密な関係を維持しているのかをはっきりと把握することとなる。渡り鳥家族は、彼らの家族的紐帯と暮らしの姿が韓国で過ごす際と大きく違わないという事実を強調する。私たちがインタビューした夫人たちは、自身が結婚と家族という制度について過去も現在も少しも変わらぬ態度をもっていると強調した。渡り鳥家族の夫婦は伝統的なジェンダー役割を守り抜いている。つまり、夫は生計扶養者として、妻は暮らし——特に教育——を一手に引き受けるマネージャーとして、厳格に分担された性別役割を遂行しつづけているのである。これらの役割は韓国から持ち込んだものであり、家庭が分かれていても大きく変わらなかった。実際、女性の多くは自分たちの家族関係が以前と変わったことはない、あるいはむしろもっと親密になったと主張した[7]。

韓国に残っている渡り鳥家族の父親に焦点を当てた他の深層面接研究もまた、渡り鳥家族には大きな金銭的・情緒的ストレスがあるにもかかわらず、家族間の関係は堅い紐帯と緊密な協力が維持されていることを見出した[8]。興味深い事実は、子どもの早期留学のために渡り鳥家族を選択する際、俗に推測されるように母親が先頭に立って決定するのではなく、父親が積極的に支持したり、むしろ主導して決定した事例が多いことである。

私たちのアンケート調査資料は、渡り鳥家族の父親たちが、この渡り鳥家族を選択する決定に受動的に渋々関わったのではなかったという事実を示す。反対に、多くの男性は彼らがたくさんの困難を甘受しなければならないにもかかわらず、渡り鳥家族の選択に主導的な役割を果たし、このような決定について後悔していないという話もした。そのうえ、私たちがインタビューをした物理的に離れている期間の長い渡り鳥家族の父親は、妻および子どもたちと安定的で正常な関係を維持できているように見えた。場合によっては父が遠くから子どもの教育を指導する役割を引き受けて、家族に対する父の情緒的愛着が強化されることもあったようだと夫人たちは言った。[9]

このような研究結果は、子どもの教育のために遠く離れて暮らす家族が必ずしも理想的な儒教的家族から逸脱しているのではないという事実を示す。渡り鳥家族が遠く離れて暮らしながらもしっかりした家族の紐帯と役割分担を保てるのは、むしろ儒教的な家族概念が強く残っているからである。チョ・ウン（Cho, Uhn）が主張するように「［渡り鳥家族に代表される――引用者］国境を越えた韓国の家族は、グローバル化という構造的な影響によって推進されもするが、歴史的に保たれている家族主義という文化的な価値観によって形成されている」[10]。だが、それと同時に私たちはこのような家族主義が伝統的な形態の家族主義とは異なる点があると理解する必要がある。渡り鳥家族は強い家族間の紐帯を示すが、この紐帯は伝統的な家父長的モデルより一段と柔軟で実用的な家族形態に基づく。このような見解は、韓国の現代家族が過去と異なって、変化に対処する適応力にすぐれており、柔軟で道具的な性格を有しており、家族関係も〈新たな家族主義〉に発展しているという主張と一致する。[11]

早期留学の退潮

いっときブームを起こした早期留学の趨勢は、図7-1にみられるように２００８年以降、下降傾向に入った。その主な理由は、２００８年に起きた米国発の世界金融危機だった。韓国もこの余波で経済が不安定になり、多くの中産層家庭が経済的損失を被った。特に、ドルに対するウォンの平価切下げによって外国にいる家族を扶養する経済的費用がとんでもなくかさんだ。その結果、多くの渡り鳥家族の両親が子どもを帰国させて韓国の学校に再入学させるという決定をしたのである。

しかし、これが早期留学の退潮した理由のすべてではない。他の重要な理由は、早期留学の流行が過ぎ去った後しばらくして、この教育戦略の成果に対する懐疑がめばえてきたことである。早期留学で米国やカナダ、オーストラリア等での学業を終えて帰ってきた学生の長所は、もちろん優秀な英語力と外国の大学の学位、そして外国で暮らした経験であった。この資格をもって比較的よい職場に進出した者もいたが、多くは本人や両親の期待には及ばない職場しか得られなかった。その大きな理由は、彼らが帰国した2010年代ごろにはすでに、韓国内で英語ができる若者が大きく増えていたからである。グローバル化の風が煽ってきた英語に対する国家的な執着は、英語を習う機会を大きく増やした。英語塾、英語幼稚園、ネイティブ英語家庭教師、英語村〔英語体験学習および教育のための施設〕、テレビまたはインターネット英語学習等、各種の新たな機会がはなはだしく増加した。さらに韓国の大学は速いテンポでグローバル化を追求して、英語でおこなう講義の数を増やしてたくさんの外国人教員を採用した。また、多くの大学は外国の大学と姉妹校協定を結び、短期交換留学生プログラムを使って学生が1~2年間外国の大学に通う機会を提供した。このようなあらゆる制度的な変化によって、韓国を離れずに英語を学び上達できる機会が非常に増えた。その結果、流暢な英語はだんだんと希少価値を失っていき、ゆえに海外で教育を受けた学生が享受するメリットは小さくなった。

これよりいっそう深刻な問題は、早期留学を終えて帰国した若者が、国内の保守的な企業環境に適応するのが難しいことであった。幼いころに韓国を離れ外国で長い間暮らした彼らが、西欧社会よりはるかに権威主義的で性差別的で、過度な量の業務を負わされる韓国の職場に適応するのは容易ではなかった。このような適応問題は大企業や外資系企業ではまだましだったが、中小企業ではいっそう深刻だった。したがって、多くの者が韓国の職場に長くとどまることができず、ふたたび米国や他の国へと向かう場合が多かった。おのずと韓国企業、特に中小企業の経営者の間では、早期留学帰国者に対する評判があまりよくなかった。さらに幼いころに外国で勉強した彼らは、最初の職を探す際やそれ以降に転職する際に必要な、社会的なコネクションを形成する機会がなかった。ゆえに、彼らの多くは韓国の同窓生ネットワークより家族の人脈に依存して職を探す場合が多かった。ある研究によると、韓国で大学を卒業する前に留学した学生と、卒業後に海外に渡った人を比較してみると、労働市場では後者がはるかに成功していたという。(12) その理由は、後者が前者に比べて文化的な適応力や社会的なコネクションの面でいっそう有利なポジションにいたからであろう。この事実は、外国で取得した〈文化資本〉を有効に用いようとするならば、自分の国に基礎を置いた〈社会関係資本〉をある程度所有していなければならないことを示す。

グローバル教育戦略

私たちは、２０１０年代に入ってから早期留学の趨勢が少しずつ収まっていったのをみてきた。だが、これは子どもたちに早く海外教育を受けさせようとする親の情熱が冷めてしまったことを意味するのではない。韓国社会が英語力と外国の有名大学に高い価値を付与する限り、そのような変化が生じる可能性は少ないのである。ここ最近で変化したのは、グローバル教育に対する情熱ではなく、グローバル教育に対するアプローチ方法である。より一段と戦略的に変わった。この間にたくさんの人びとの経験も蓄積され、また江南を中心に多くの留学コンサルティング会社が設立された。したがって、親はより正確な情報に依拠していっそう戦略的な方法で子どもの海外留学を準備できるようになったのである。

近年になってそのブームが小さくなりはしても、早期留学が依然として人気がある理由の一つは、それが経済的に豊かな家庭の子どもが国内の教育競争で失敗した場合に備えることができる、オルタナティブな方法を提供してくれるからである。子どもが国内の学校で成績がかんばしくなく名門大学に進学できないような場合、経済的余裕がある親が選択できる方法は子どもを早くに米国やカナダ、オーストラリア等に送って現地の学校を卒業させて、その国の大学に進学させることである。これは費用がたくさんかかるが、子どもの社会的下降移動を防ぐには便利な方法である。中産層の親にとって、体面を保つための一種の戦略でもある。私がインタビューしたある一流大学出身の両親は、自分の息子を中学校2年生に上がる際に米国に送ったのだが、その理由をこのように説明する。自分の息子の学校の成績からすると、国内で一流大学に合格する可能性はまったくなかった。一歩間違えれば、ソウルにある大学にも入学できない可能性があった。子どもが地方の大学に通うことになれば、あまりにも大きな恥であるように思った。だから、息子を米国に送ることに決めた。留学した息子は米国の高校を卒業して、米国のビッグテン(Big Ten)の名門大学の一つへ進学することに成功した。当然両親は正しい選択をしたことに満足し、これまでに支出した多くの費用は惜しくないと考えた。

この家庭のケースは満足するに値する。子どもが米国の一流公立大学に入学したからである。しかし、そうはならないケースも多い。米国の学校にうまく適応できず、問題児になるケースもなくはない。だがそれは最悪のケースで、米国で順調に高校を卒業した場合、一般的に米国の平凡な大学に進学する可能性が高い。そのような場合、はたして多額の費用を投資する価値があるのかを勘定してみる必要がある。それに対する答えはだいたい肯定的なようである。私がインタビューしたいくつかの家庭の反応は、簡単にいうと、韓国の二流大学に通うよりは米国の二流、あるいは三流大学にでも通うほうがはるかに有利である、というものである。まず子どもが米国の大学を出たことで両親の体面を保ち、国内に米国の大学のランクをよく知る人は少なく、何よりも子どもが米国の大学を卒業すれば、少なくとも英語はちゃんと身につけて帰ってこられると信じるからである。すべてそのとおりであろう。こうして、早期留学は中産層の家庭において、子どもが国内で名門大学に行けないときに代わりに選択できるオルタナティブな戦略になった。ところが〈持たざる者〉の側からみれば、このスマートな戦略は〈学閥ロンダリング〉行為に見えもする。学生の間でよく使われるこの言葉は、グローバル化する教育市場に現れた新たな教育競争の一つの断面を示す表現である。日ごとに熾烈になる教育競争が国内だけでなく広く国際的な舞台でも繰り広げられ、両親の経済力と情報力が子どもの教育の成否を決定する方法もまた多様化している。

国際教育を選択する態度において、上流層内部でも興味深い違いが見出される。アムステルダム大学の社会学者であるヴェーニンク(Don Weenink)は、オランダの上流中間階層内の二つの分派の間に現れる国際教育の違いについて興味深い研究を発表した。(13) 二つの集団のうちの一つは長きにわたって政治・司法・公共機関等でエリートのポジションを維持してきた家庭であり、もう一つはグローバル貿易・金融業等に従事し最近になって富裕層へと浮かび上がった家庭である。前者は子どもを伝統的なエリート学校（ギムナジウム gymnasium）に送り、ラテン語を含む古典的教育を受けさせたがる。これに対して、新興ブルジョア集団は子どもをインターナショナルスクールに通わせたり米国や英国へ留学させて、子どもが英語をマスターして国際的な知識を広げることを願うのである。このような教育戦略の違いは、同じ上流集団でも各者が有する相異なる種類の資産に影響を受けるからであるとヴェーニンクは説明する。伝統的なエリートの場合、子どもに階級を世襲させるためには古典的知識と教養が重要である一方、新興富裕エリート層は英語の重要性を認識し、国際的な経験と人脈を蓄積することの大切さを、身をもって知るからである。

これとまったく同じではないが、現在韓国でも類似した現象が上流中産層内部の集団間に見出されるようである。特に興味深いのは、江南の二つの経済的に豊かな地域に現れる子どもの教育戦略の違いである。すなわち、大峙洞と狎鷗亭洞《アックジョンドン》（または清潭洞）の違いである。私が江南の住民である2人の学生にインタビューした限りでは、概して大峙洞の親は子どもをまず特殊目的高等学校（特目高）、科学高等学校（科学高）（科学英才の早期発掘と潜在能力開発のための特殊教育を目的とする高校）、自律型私立高等学校（自私高）（私立学校が建学理念にしたがって自律的に運営する高校）のような高校に入れてから、ソウル大学をはじめとするSKY大学に入学させることを最優先の目標とするという。対照的に、狎鷗亭洞や清潭洞の親は子どもの名門大学進学にそれほどこだわらないという。国内の第一線の大学に入れなくても留学させればいいと考えるからである。これには、二つの地域の住民の職業構成と密接な関係があるのだろう。大峙洞住民の主流は大企業の役員、専門職、キャリア官僚等で構成される一方、狎鷗亭洞や清潭洞の住民は事業家、金融業者、不動産資産家等が多いのが特徴である。このことは、それぞれの階級分派が構想する子どもの職業ルートと階級の世襲形態が異なることを教えてくれる。キム・ドンチュンも、大峙洞と狎鷗亭洞のこのような違いを次のように記述している。「大峙洞は国内の名門大学入学に向けて準備する受験生、狎鷗亭洞は海外の名門大学入学に向けて準備する受験生として差別化された。狎鷗亭洞の予備校街にひときわTOEFLやSATの塾が多いのも大峙洞と異なる点である」(14)。韓国の教育がグローバル教育システムの内部に深く組み込まれながら、経済的・文化的資産をもつ家庭にはいっそう多様な教育機会が開かれるのがわかる。言い換えると、学閥のための入試競争で一度失敗すれば挽回する機会を得るのが難しい中・下層の子どもと異なり、富裕中産層の子どもは国内競争で失敗した後でも海外で別の機会を求められるのである。

英語圏へ渡る韓国の学生たちの流れは絶え間なく続いているが、近年のもう一つの重要な趨勢は中国へ留学する学生の数が大きく増えていることである。中国へと渡る韓国の学生の数は、2004年の2万6784人から2010年の6万4400人へと増え、2014年にはこれより若干減って6万3937人だった。2014年に中国に留学中の韓国人学生の数は、米国にいる学生数の7万4098人に迫る勢いであった。留学生が米国や他の西欧国家より中国を留学先として選択する際の主なメリットは、地理的な近接性と留学にかかる費用がより少ないことである。中国へと向かう韓国の学生が増えはじめた1990年代には、主な動機が費用についての考慮と中国の主要大学に入学するのが比較的易しい点にあった。しかし、中国への留学は米国やヨーロッパに留学するのに比べると、依然として望ましいとは思われていなかった。外国語として、英語のほうが中国語より価値があると考えられていたのである。したがって多くの中国への留学生、特に経済的に豊かな家庭の留学生は、中国でも英語で学習するインターナショナルスクールに通う場合が多かった。しかし最近になって韓国と中国の経済関係がいっそう深まり、中国留学についての考えも大きく変わってきた。西欧の国へ行くより、中国語を習い中国で人脈を築くことが場合によっては重要であるという認識が生まれたのである。このような認識の変化は、事業家の家庭で子どもを事業家に育成するケースで特によく現れる。一方、子どもを専門職に育てたい家庭では、いまだ米国や他の西欧地域を好んで選ぶ傾向があるようだ。

文化資本としてのコスモポリタニズム

韓国の経済と社会がグローバルに変わっていくなかでいっそう要求されるようになったのは、単に英語を駆使する能力だけでなく、韓国の外の世界に対する幅広い知識と経験、そしてグローバルな感覚と文化的な趣向である。上流の専門職種に従事したりエリート社会に仲間入りするためには、何らかのグローバルでコスモポリタンな趣向と文化的な経験が次第に必要になった。以前には韓国のエリート層が米国文化を取り入れるのに熱中したのが、いまやその文化の対象はヨーロッパと他のアジア、あるいはアフリカや南米まで広がった。コスモポリタニズム(cosmopolitanism)は韓国社会のグローバル化にともなって現れた重要な変化であり、韓国の教育競争と階層間の差別化でも重要な役割を果たす文化概念である。

コスモポリタニズムは、広い意味で特定の種類の道徳的・倫理的・哲学的性向(disposition)を指す。ハナーズ(Ulf Hannerz)の定義によると、「コスモポリタニズムは一つの(特別な)志向である。すなわち、他者と深く交流する姿勢の心をもつことである。これは多様な文化的経験に対する知的で美学的な開放性であり、統一性よりは差異を重視する姿勢である」[15]。アンダーソン（Amanda Anderson）は、「コスモポリタンはある型にはまったアイデンティティから自身を解放することができ、他者の文化の中でも自分の文化の中にいるのと同じように安らぐことができる人びとである」と描写する[16]。コスモポリタニズムをもう少し政治的に理解する学者は、コスモポリタンを自分が属する国家だけでなく「人類全体という共同体に属していると感じる人」と定義する[17]。もう少し政治的な意味で、ギベルナウ（Montserrat Guibernau）のような学者は、「コスモポリタニズムはすべての人間が人類という共同体の構成員として根本的に同等で自由であり、各人の出身背景と関係なく同等な政治的待遇を受ける権利があると信じる価値観と原則を含む」と描写している[18]。

だが韓国のような新興開発主義国家において、コスモポリタニズムはこのような古典的で理想的な概念以外に異なる意味をもつ。ジェームズ・クリフォード（James Clifford）が指摘したように、コスモポリタニズムは本来西欧のエリート的な概念である。世界各地域と人種の個別文化を無視し、自由主義に立脚して全人類を一つの共同体としてみようとする視点の背後には、西欧中心的思考と文化的優越意識が潜んでいるといえる[19]。西欧の先進資本主義国家ではコスモポリタニズムが人類愛と平等意識を強調する余裕ある価値観として現れるならば、開発途上国では西欧の先進社会の文化と制度に付き従い、その生活様式を模倣したがる願望として現れる。世界システム論者が主張するように、世界資本主義システムは経済的・政治的・文化的側面で中核・周辺・半周辺という三つの地域に分かれている[20]。そして、周辺および半周辺国家のエリートは中核国家の生活様式と文化を熱心に受容しようとする。この地域のコスモポリタンというのは、ただ単に他の地域と人種に対する開かれた心をもった人びとというよりは、西欧の先進国社会になじみ深い教育と文化を習得し、たくさん海外旅行をして、西欧の制度と風習に慣れた人びとである。このような点で、コスモポリタニズムは一種の文化資本とみられる。文化資本としてのコスモポリタニズムには、この概念が初期に想定した倫理的・道徳的価値観、すなわちあらゆる国籍と人種、宗教を超えて、すべての人間を同等に扱う心構えのようなものは欠如している。コスモポリタンを自称する人びとが、実際には他の人びとより民族主義的で人種差別的な場合も多い。

文化資本としてのコスモポリタニズムは、誰もが簡単に手に入れられるものではない。これは階級的資産と密接な関係がある。お金があればこそ、海外旅行もできるし外国で教育も受けられる。もちろん19世紀には各国からパリに押し寄せて活動した貧しい芸術家が真のコスモポリタンを代表してはいたが、21世紀の状況はそれと異なる。ハナーズが指摘するように、「コスモポリタンな文化的志向はより多くの教育とより多くの旅行、より多くの余暇を必要とし、多様な文化的形態の知識を培うことを可能にする物質的な資源をともなわなければならない」[21]。類似した側面からカルフーン(Craig Calhoun)もまた、コスモポリタニズムを手に入れるのは「社会的・文化的・経済的資本によって可能となる」という。そして彼は、コスモポリタニズムが「しばしば旅行に出る者たちの階級意識」であるとまで主張する[22]。

コスモポリタニズムを文化資本として理解する際、二つの形態のコスモポリタニズムに分けてみることができる。ブルデューの概念を用いるならば、一つは〈制度化された文化資本〉であり、もう一つは〈身体化された文化資本〉である。前者は学位や証書、資格のように制度によって授与され確証される文化的能力を意味する。後者は手に入れ身体になじむのに長い時間がかかる言語能力、文化的趣向、マナー、高級文化を鑑賞できる能力等を含む。グローバル化の初期に韓国でコスモポリタン文化資本として重視されたのは、主に英語力と優秀な外国の大学の学位、または外国の機関が発行した資格証明書のようなものだった。しかしグローバル化が進展して、身体化された形態のコスモポリタン文化資本が次第により重要になる傾向がみえはじめた。たとえば、頻繁に行く海外旅行で得た見聞、異文化へ容易に接することができる能力、洗練された感覚とマナー、国際的な話題にたやすく入っていける能力、西欧的な生活様式等が、次第にコスモポリタンの主要な特徴のように受け取られるようになるのである。このような意味のコスモポリタニズムは、もちろん古典的で倫理的な意味のコスモポリタニズムとは大きく異なる。世界のすべての人種と文化を等しく受け入れ、汎世界的な自己アイデンティティを追求するコスモポリタンの理想は欠如し、その代わりにコスモポリタン的なライフスタイルを通じて上流層の地位を誇示しようとする階級的な欲求がいっそう強く現れているからである。

このような傾向は、韓国だけでなく他の新興開発主義国家でもしばしば見出される現象である。たとえば、台湾の社会学者であるラン（Lan, Pei-Chia／藍佩嘉）は、台湾の中産層の親が子どもを外国に留学させる際に子どもに強調するのは、単によく勉強して学位を取得してくることだけでなく、広い意味の〈西欧的文化資本〉を手に入れることであるという[23]。ランが記述するところによると、「〈西欧的文化資本〉の獲得は、単に西欧の学位や資格証明書のように制度化された形態の文化資本の獲得だけを指すのではない。それよりも西欧の中間階級が思考し生活する様式に慣れ、身体と心に長期的に維持できるそのような性向の獲得を意味してもいる」。韓国の場合も似たようなものだろう。子どもを早期留学させる韓国の富裕層の親が望むのは、子どもが留学先で単によく勉強することに限らない。彼らは、それよりは子どもたちがもっと幅広い文化的な素養を身につけることを願う。このような傾向は、中産層の中でも上流にいくほどいっそうはっきりと現れているようである。上流層になるほどグローバル、またはコスモポリタン文化資本が重要になる。それは単純に外国の大学の学位や資格証明書を取ってくることではなく、それ以上の身体化された文化的経験と習性を得てくることを意味する。今日の韓国において身体化されたコスモポリタン文化資本がエリート職業市場でどれほど重要な役割を果たすのか、正確に判断するのは難しい。しかし、社会的にエリートの仲間入りをするのに非常に重要なことは事実であろう。そして、グローバルな文化的経験と一種のコスモポリタンのアウラ(aura)は、ますます特権中産層と一般中産層を分ける重要な階級区別基準になっているようである。

結　論　特権と不安

本書を通じて私は、急速に変わりゆく資本主義体制の中で韓国の中間階層がいかなる変化を経験しているのかを分析しようとした。特に、現在深刻な社会問題として台頭している経済的分極化が、中間階層にいかなる変化をもたらしたのかを探ろうとした。本書において私の関心は、中間階層自体はもちろん、この階層を取り巻く社会領域で起きる階級関係と階級のダイナミクスにある。ここで私は中間階層、または中産層に、ある固定され境界線がはっきりした階級集団としてではなく、ブルデューが提起したとおり一つの社会的空間(social space)としてアプローチした。中間階層は互いに類似した量の経済的・社会的・文化的財産を所有して社会の中間地帯を占める集団として形成されたが、他の階層と明確に区分される境界線をもっているのでもなく、内的に強い同質性をもった階層でもない。中間階層のアイデンティティは、変化する経済構造の中で彼ら構成員の間にいかなる変化が起きるのか、そして他の階層集団といかなる関係が成り立つのかによって決定されると考える。

多くの国と同じように韓国でも、現在、中間階層に関する主な話題は中産層の衰退、没落、または下降分化である。20世紀後半に急速に成長した韓国の中産層は、１９９０年代のアジア通貨危機以降減少しつづけて、経済的にも社会的にも不安定な階層集団に変貌した。だが、韓国の中産層に起きた主要な変化は単純に彼らの経済状態が不安定になり、この集団の量的な規模が小さくなっただけではない。本書が強調するのは、ここ最近の経済転換の中で、韓国の中間階層が量的な面だけでなく質的な面でも大きな変化を経験した事実である。

1980年代の中産層は、比較的同質的で流動的で上昇移動する集団であった。中産層内部の経済的・社会的な格差は大きくなく、社会移動の可能性が常に開かれていた。だが1990年代後半にアジア通貨危機を経て、中産層は二つの形態の変化に直面した。一つは、中産層に属していた多くのホワイトカラー労働者が深刻な労働の不安定化と所得減少を経験して、中産層の位置を維持するのが困難になったことである。もう一つは、ごく一部の専門・管理労働者と資産所有者がむしろもっとよい経済状態へと上昇していったことである。すなわち、経済的な分極化が中産層の内部で発生した。経済的な分極化というと俗に金持ちと貧しい人の格差が広がることを意味し、その間にいる中間層が次第に圧迫されることを暗示する。実際に韓国や多くの先進国の所得分配状況を調べると、中間所得層に配分される国家の所得占有率が他の階層に比べていっそう小さくなる趨勢ではある。だが重要な事実は、中間階層に属する人びとがこのような変化を一つの同一な集団としてまったく同じようには経験していない点である。彼らの多くは不安定階層（プレカリアート）へと落ちていくが、少数は自分が所有する人的・物質的財産のおかげでこの経済変化の中で受益者になる。こうして、経済的な分極化は中産層の外部で金持ちと貧困層を分けるかたちでのみ現れるのではなく、中産層の内部でも少数の受益者と多数の被害者を生み出すかたちで現れる。

それゆえ中産層で起きる変化を正確に理解するためには、この階層の下層部分に属する人びとの経験だけに焦点を当てるのではなく、上層部でいかなる変化が起きたのかを注視する必要がある。現在まで中産層に関するほとんどの文献が前者の問題のみに集中してきたのに対して、本書の関心は後者にある。問題の核心は、経済的な分極化がいかに中産層という場で現れたのかを見極めることである。先述したとおり、この20年余りで韓国の所得分配の分極化の趨勢は二つの形態で現れた。一つは最上層（すなわち所得分布の上位1％、または0・1％）と残りの人口の間に現れる分極化であり、もう一つはその下の部分である上位10％と下位90％の間の格差である。１９９９年から２０１６年の間に上位1％の所得占有率は全体所得の8・5％から14・4％に、上位10％は32・8％から49・2％に上昇した。これは最上位層にいる金持ちだけでなく、その下の上位10％程度もまた、近年の経済変化から恩恵を受けていることを意味する。このような現象は韓国だけでなく、他の先進資本主義経済でも同じように現れる。それゆえリーヴスなどの研究者は、分極化を診断する際に〈上位1％対下位99％〉のフレームよりは〈上位20％対下位80％〉のフレームを用いることがより重要だと主張する[1]。

ならば現在、資本主義経済から特別な恩恵を受けている上位10％、あるいは20％の所得水準の人びとの階層的な位置をどのように把握すべきなのか。この問題に対して研究者の間に共通の見解は存在しない。マルコヴィッチは上位5～10％の所得集団を〈能力主義エリート〉と命名し、スチュアートは上位9・9％を米国の〈新興貴族〉と規定し、リーヴスは上位20％が一般中間層と分離される〈新上流中間階層〉とみた。英国の場合、サヴィジは約6％の上位所得集団が〈富裕エリート〉層を形成すると推計した。このように、研究者によって上位富裕層を定義する方法は異なる。だが共通する点は、米国や英国で上流支配層の下、そして一般中間階層の上に、他の集団と区別される新たな富裕エリート層が形成されていることである。韓国の場合、私は所得と資産順位の上位10％程度を〈新上流中産層〉、または〈特権中産層〉と呼ぶのが適切であるとみた。〈新上流中産層〉は彼らが占める経済的・社会的位置を中心に規定するものであり、〈特権中産層〉は彼らがその位置で享受する特権的な機会を念頭において区分して見定めたものである。この集団は、現在同質的な社会階層を形成してはいない。その中の一部（たとえば上位2～5％程度）は経済的に非常に豊かで、中産層に属するというよりは〈新上流層〉を形成しているとみるのがより適切かもしれない。

今日、韓国の中間階層の上層部に見出される特権的富裕階層は、少し前までは一つの中間階層に属していた可能性が高い。過去の中産層はそれだけ範囲が広く、比較的同質的で流動的な性格をもっていた。現在、上流中産層を象徴する大企業の社員や専門職、キャリア官僚等は、1990年代までは他の中産層の成員と比較して経済的にそれほど大きく優位に立てなかった。だが通貨危機以降、韓国経済が急速に新自由主義体制へと変わりグローバル化していくにしたがって、所得分配が分極化の趨勢に変わった。それと同時に、幾度かやってきた不動産バブルは資産動員力と情報を所有した家庭に資産を大きく増やせる機会を提供した。そうして新興富裕層が登場してきたのである。そして、彼らは経済的だけでなく、社会的にも他の一般中産層とはっきりした格差を呈しはじめた。住む家、住居地域、消費水準、医療の恩恵、レジャースタイル、子どもの教育等、さまざまな面で彼らは一般中産層とは大きく異なる生活をするようになった。このような理由で、私は彼らを新上流中産層、または特権中産層とみるのである。過去の上流中産層は一般中産層と経済的にも社会的にもそれほど大きな違いがなかっただけでなく、二つの階層の間の社会移動もしばしば起きた。だが現在は階層移動が大きく減って、社会的な格差はおのずと広がるばかりである。このような変化が起きるにつれ、現代社会の重要な階級・階層境界線はもはや中間階層と労働者階層の間ではなく、新上流中産層（または特権中産層）と一般中産層の間に引かれるようになった。

本書の関心の所在は、単に経済的な分極化が中産層を内部で分かち、新たな上流層を形成したことを明らかにするにとどまらない。それよりは、階級構造のそうした変化が韓国社会にいかなる新たな階級関係と身分競争、そして階級世襲のための闘争をもたらしたのかを分析しようとした。私の研究の基本的な論旨は、グローバル化時代に新たに登場した新興上流中産層が、現在の韓国社会において階級のダイナミクスを主導しているということである。そのような変化を追うために、本書では三つの分野に現れる変化に焦点を当てた。消費による身分競争、居住地の階層的分離、そして極めて激しい教育競争がそれである。本書の主要な関心は、この三つの分野で起きている変化を通じて、経済的な分極化が社会的・文化的な分極化へといかに発展するのかを分析することである。

上流富裕層と一般中産層の間の身分競争、または階級の差別化は、消費分野でもっとも可視的に現れる。中産層が比較的同質的で流動的だった過去には、成員のほとんどが似たような所得水準を維持し、生活様式にも大きな違いがなかった。一部に経済的に豊かな家庭があるにはあったが、彼らも住む家、食べ物、着る服や装飾品、レジャースタイル等において他の中産層とそれほど大きな違いがなかった。だが１９９０年代以降、特にここ最近になって、消費市場が徐々に上流層市場（upscale market）と庶民市場（downscale market）へと二分されていっている。この変化を主導した集団がまさに新興富裕層である。彼らは経済的に窮する一般中産層家庭と自分自身の階層の差異を確認したがり、その欲求を誇示的な消費行為によって充足させようとする。

富裕層の誇示的なラグジュアリー消費はもちろん彼らの身分的欲求と密接な関連があるが、それだけで説明されることではない。消費者の個人的な欲求に劣らず重要なのは、世界の資本主義市場の役割である。21世紀の資本主義市場は、経済的に不安定な中・下層消費者よりは所得と資産が増える富裕中産層を優待して彼らから多くの利潤を得ようとする。したがって、もっと大きく、高級なマンションを建て、もっと華やかなブランド品の衣類と装飾品を生産して、もっと多様なラグジュアリーレジャー商品をつくり出し、もっと多様なＶＩＰサービスで富裕層の顧客を維持しようと努める。富裕中産層がたとえ数としては一般中産層よりはるかに少なくとも、彼らに人気がある商品をつくれば結局は中・下層消費者も模範消費をするため、結果的に両方の市場を手に入れられる。したがって、国際資本は高度に発達した科学的知識と技術を動員しさまざまな高品質のラグジュアリー商品を生み出すことによって、いわゆるグローバル中間階層を主要な消費者として攻略中である。その中でも最高の顧客がまさにアジアの新興開発主義国家に登場した富裕層である。

だが上流中産層と一般中産層の間に見られる消費様式の違いは、ラグジュアリー消費財に限定されて現れるのではない。21世紀に入って、韓国人の主要な関心事は単に食べていけるかどうかの問題ではなく、いかなる食事をして、いかに健康を管理して、いかなる余暇生活を楽しむのかにある。それゆえ、いわゆる〈ウェルビーイング〉が社会の主要なトピックとなり、資本主義市場はありとあらゆるウェルビーイング商品とサービスを提供しはじめた。そうしてお金のある人びとは、お金のない人びとよりはるかに健康的な食事ができ、いっそう快適な環境で暮らすことができ、いっそう効果的に身体を鍛え、また健康に問題が生じればよりすぐれた医療や治療を受けられるようになったのである。こうして新興富裕層の特権的な生活の機会は拡大され、中・下層の人びととの階級格差もまた広がるようになった。

階級競争がさらに熾烈に現れる分野は教育である。韓国の教育は日を追っていっそう競争的で多くの費用がかかるようになり、学生やその両親にさらに多くのストレスを与えている。韓国の教育競争が他のどの国より熾烈な形態で現れる理由は、もちろん歴史的・文化的要因と関連がある。しかしより重要なのは、近年になって韓国経済がだんだんとグローバル資本主義体制に深く組み込まれ、新自由主義経済へと変わりながら引き起こされた制度的な変化である。私は本書で三つの方向へと進められた教育制度の変化に注目して、その変化が韓国の親の教育戦略にいかなる影響をもたらしたのかを検討した。三つの方向の変化とは、私教育市場のいびつな発達、入試制度の新自由主義的な変化、そして教育市場のグローバル化をいう。

このような制度の変化は、階級的な面においてほとんど一貫した変化をもたらした。第一に、韓国の教育が私教育市場に依存する程度が増すことによって、両親の経済力が子どもの教育機会に及ぼす影響力はいっそう大きくなっていった。第二に、近年になって新自由主義が教育者に支配的な教育理念として受け入れられるようになるにつれて多様な大学入試制度が試みられたが(たとえば入学査定官制、学校生活記録簿総合選考〔2015年度入試から「入学査定官制」が「学校生活記録簿総合選考」と名称変更された〕、随時入試等)、結果的には両親の経済力に加えて情報力と社会的・文化的資産までもが子どもの大学入試により大きな影響を及ぼすようになった。第三に、１９９０年代以降急速に進行したグローバル化の趨勢の中でグローバルな教育機会が拡大されるにつれて、上流中産層は早期留学、海外語学研修等、さまざまな形態のグローバルな教育戦略を企てることができるようになった。韓国経済・社会のグローバル化は、単純に英語を駆使する能力はもちろん、世界についての幅広い知識と経験、そしてグローバルまたはコスモポリタンな感覚と文化的趣向を要求する。コスモポリタン文化資本といえるこの資産の確保のためには、例外的なケースを除いては両親の経済支援が必須である。韓国社会でグローバル教育市場にもっとも密に接する両親は、経済的に余裕があるとともに高い教育水準と国際的な経験をもった集団である。それゆえ、教育プロセスがだんだんと私教育化されグローバル化されることは、上流中産層と一般中産層の階層的な乖離がいっそう進んでいくことを意味する。

現代社会において階級不平等は、しばしば地域的・空間的な階層分離として現れる。韓国ではこれが、首都圏と非首都圏、江南と非江南の別として現れている。特に江南の形成は、韓国の階級秩序に重大な影響を及ぼした。経済的に豊かな家庭が江南という新都市に密集して暮らしながら互いに身分競争をするようになり、また他の地域の住民との階級の差別化を試みることによって特有の〈江南スタイル〉階層文化を発達させるようになったのである。現在韓国で新たに登場した新上流中産層、または特権中産層の階級的な性格は、江南に居住する富裕層家庭に象徴されるとみられる。

江南の特異性はさまざまな側面でみられるが、本書で強調するのは江南の住民が享受する特権的な機会である。江南は、国家の莫大な財政投資と特恵的政策によって形成された都市である。それゆえ、この新都市に居住するようになった住民は多くの恩恵を受けた。もっとも現代的な都市インフラと交通、緑地、公共サービス、文化施設等が備えられ、中産層が特に重視する教育施設も他のどの地域よりもよく発達した。他の地域と異なり江南が享受する特権はさまざまだが、もっとも重要なのは教育機会と不動産価値の上昇である。江南開発の初期に政府が江北にあった伝統ある名門高校を移転させるとともに私教育市場が発達して、江南は韓国の私教育の一番地として位置づけられた。全国でもっとも競争力のある塾と講師が、経済的に豊かな家庭が数多く暮らす江南へと押し寄せた。そして江南出身の生徒の名門大学進学率が高くなるにつれて、不動産の価値は上昇した。それゆえ、子どもの教育のために江南に引っ越した中産層家庭は、教育だけでなく不動産の面でも他者がうらやむ位置にのし上がれた。最近になると不動産価値が上がりすぎたため、一般中産層家庭がこの地域に引っ越すこと自体がほとんど不可能になった。こうして江南対非江南の差異は、次第に階級的な差異として認識されるに至ったのである。

現在、韓国において江南の富裕層を見つめる視線は総じて批判的であり否定的である。メディアで江南に関してもっともよく登場する単語は過度な消費、ぜいたく、不動産蓄財である。韓国における不動産による蓄財が江南の富裕層にだけ該当するわけではなかろうが、江南の不動産価値が他の地域より速いテンポで、そして持続的に上がったという事実は、江南に対する羨望と妬みをまねく要因になっている。江南の富裕層がこうして不労所得として得た資産を他の人よりぜいたくな消費生活と高額な私教育に投じる姿は、おのずと非江南住民の相対的剝奪感と反感を刺激せざるをえない。結果的に、江南の新興富裕層は経済的・社会的な特権を享受しつつも道徳的にも文化的にも認められない傾向にある。道徳的な正当性の欠如は、彼ら新興富裕層がなぜ集団的に多くの不安を感じて過度な消費と教育競争へしがみつくのかということと深い関係があるようにみえる。

不安は現在の韓国社会を特徴づけるキーワードといえる。世代、階層、性、地域、政治的傾向と関係なく、ほとんどすべての国民が不安に直面しながら暮らしている。そのなかでも中産層は、他のどの階層より大きな不安を感じているようである。雇用の不安、所得の不安、跳ね上がる物価による不安、子どもの教育の不安、未来に対する不安等、中産層家庭が感じる不安はさまざまである。そして、単に経済的な不安だけではない。それに劣らず重要なのは、他の人びととの相対的な比較からくる挫折感、剝奪感、そして中産層から押し出されていくような恐怖感等である。興味深い事実は、所得水準では中産層と分類されている多くの人びとが、みずからを中産層ではないと考えていることである。その主な理由は、人びとが俗に考える中産層の基準が近年あまりにも高くなったためである。彼らが考える中産層は自分よりはるかに経済的に豊かな集団であり、彼らの消費水準やライフスタイルに達することができない自分たちは、もはや中産層ではないと思い込む。かといって、彼らが完全に中産層から脱落したわけではない。多くの人びとはいまだ中間階層の中・下層位置に置かれながら、中産層から転落しないように必死の努力をしている。アンケート調査ではみずからを中産層ではないと答えながらも、さしずめ内心では中産層から完全に転落したと思ってはいない可能性が高い。また、そうなりたくないのであろう。一般中産層が今なお過分な消費水準を見せ、私教育に一生懸命参加しているのはそのためである。

ならば、新たに登場した上流富裕層に不安はないのだろうか。そうではないようである。もちろん、彼らは一般中産層家庭よりさまざまな面で特権的な機会を享受して暮らしているが、むしろそうだからこそもっと多くの不安を感じる可能性もある。持つ者の不安は、いうまでもなく得たものを失うことに対する恐怖から来るものである。そして英国の哲学者ド・ボトン（Alain de Botton）がいったように、他者から認められたい（または愛されたい）という欲求とも深い関連がある。[2]それゆえ、身分競争が不安を呼び起こす主要な場となるのである。身分競争はどの場所でも起こるが、現在の韓国でそれがもっとも熾烈なのはまさに江南である。経済的に余裕があり、教育水準も高く、身分誇示の欲求も強い人びとが大型マンションに密集して暮らす場所では、自然と身分競争は熾烈になる。彼らは消費水準や余暇生活、子どもの教育等で隣近所に引けを取らず、可能ならば一歩先んじて他の人から羨望と尊敬を向けられたいという欲求がどうしても強くなる。彼らの競争相手は一般中産層でも、非常に裕福な金持ちでもなく、自分たちと似通った水準の富裕中産層である。だが彼らの消費水準とライフスタイルは、すでに米国やヨーロッパの中産層より場合によって高いことはあっても、低いということはけっしてない。そして急速にグローバル化する消費市場は、新たな種類の高級消費財とニューファッションを補給しつづけることによって、ラグジュアリーの水準と内容をアップグレードさせるのである。このような環境で繰り広げられる身分競争は、多くの不安要素を誘発せざるをえない。

だが、富裕中産層が経験する不安の最大の要素は子どもの教育と就職である。富裕中産層の親の切なる望みは、子どもが首尾よく親と同じ階級的位置を占めることである。そのためには、まず子どもが名門大学に入学してよい学閥を得た後、一次労働市場のまっとうな職場に就職しなければならない。この目的を達成するために、上流中産層の親は子どもの私教育に途方もない投資をして、人脈を動員して子どもがスペックを積み重ねるのを助け、国内の学校で成績が悪ければ早期留学によって、いわゆる〈学閥ロンダリング〉を試みもする。だが問題は、経済的に豊かな親の積極的な支援があっても、子どもが常に成功するとは限らない点である。韓国において成功への道はあまりにも狭く、競争はあまりにも熾烈だからである。毎年、高校卒業生のわずか2％程度がSKY大学に入学できる。〈インソウル（in Seoul）〉大学まで含んだとしても、その数は10％を超えない。また名門大学を出ても、みなが希望する財閥級大企業に就職したり専門職に従事する機会は極めて少ない。この10年余りの間に大財閥企業の規模はいっそう大きくなったが、雇用は増えなかった。このような環境では、親の途方もない物質的・精神的投資が子どもの成功と階級世襲につながるのはそれほど容易ではない。上流中産層の親の最大の不安はここにある。彼らの上にいる上流階級家庭はこのような不安に直面することが少ない。なぜなら、子どもに事業や十分な財産を譲り渡すことによって階級世襲が可能だからである。彼らには一流大学の学閥もそれほど必須ではない。国内の名門大学の学閥を得られなくても、外国のもっともらしい大学の卒業証書で十分だからである。それとは異なり、上流中産層は熾烈な教育競争を避けるすべがない。

韓国の特権中産層家庭の階級世襲に対する欲望は、彼らをして単なる過度な私教育投資を超えて、ときにはそれ以上の手段を企てるようにもさせる。そしてその手段はしばしば非合法的・非倫理的な方法として現れる。最近、大きなイシューとなった崔順実《チェスンシル》（改名後チェ・ソウォン）の娘の梨花女子大学入学と、曹国前法務部長官の娘の釜山大学医学専門大学院入学に関する不正は、実際のところ氷山の一角であろう。程度の違いはあるだろうが、それと似通った不正は数多く、結局これからも続くだろう。名門大学の学閥が世俗的な成功の必須条件である社会において、いかなる手段であっても動員してそれを達成しなければならないと考える親が多いからである。

この点において、韓国と米国の間に興味深い違いが見出される。先の章で紹介したとおり、リーヴスは米国の中産層がさまざまな形態の〈機会の買い占め〉を通じて特権的な機会を確保しようとすると指摘した。たとえば、土地使用制限法や同窓子女優待選抜制度、または学資積み立てに対して税金を減免するような制度をいう。だが、このような制度は階級的な偏見に基づいていたとしても少なくとも合法であり、米国の一般大衆はこのような制度が不公正だと認識しない傾向にある。しかし韓国は同様の、合法的に上流富裕層の特権的な機会を保障してくれる制度があまり発達していない。その理由は、韓国人の強い平等意識がそれを容認しない面もあるが、もっと重要なのは韓国の上流層が道徳的・文化的に階級の正当性を確立できなかったからである。それゆえ、韓国では制度的あるいは集団的な方法より、個人の財力と政治的なコネクションによって特権的な機会を占有しようとするケースがしばしば現れるのである。国会の公聴会のたびにおなじみのメニューとして登場する、高位公職者の子どもの(学区)偽装転入が代表的な事例である。最近になると、子どもの名門大学入学のためのスペック積み上げに、中・上流層の親が非合法的、非倫理的かを問わずあらゆる手段を動員してすべてを賭ける傾向までみられる。このように、子どもが階級を世襲するために経る競争はあまりに熾烈だがその結果が不確実であるため、中産層の親はたとえ経済的な余裕があるとしても常に不安な状態から抜け出せないのである。

結局、現代韓国社会において多くの人びとが経験している不安の根本的な要因は、深刻さを増しながら進行していく階級・階層間の不平等にあるとみなければならないだろう。この不安は、持つ者も持たざる者も、競争で成功した者も失敗した者も、みな等しく経験するのである。もちろん、不安の種類や程度は異なる可能性がある。勝者は自分が所有するものを失うのではないかと不安になり、敗者は最低限のセーフティネットまでも失ってさらに転落することへの恐怖がある。私の研究は、この不安が韓国の中産層の領域で再現される様相を分析したものであった。特に関心をもったのは、経済的な分極化の中で登場した富裕中産層が彼らの経済的な資産によって、社会的・文化的な領域の特権を拡大しようと努力する行為であり、彼らのそのような階級的な行為が他の中産層集団にいかなる影響を及ぼしたのかに関することであった。

この研究でみられたのは、韓国の新上流中産層が西欧の上流中産層に比べて出自的に、そして文化的にさまざまな問題を抱えている階層であるという事実である。まず出自的な側面において、彼らの経済的基盤が職業活動のもたらす経常的な所得以外に、不動産による蓄財や権力によるレントシーキング〔超過利潤を得ようとする活動〕に大きく依存してきた点が問題となる。そして文化的な側面において韓国の新興上流中産層は、19世紀の西欧の中産層が見せた市民としての美徳、すなわち宗教的・道徳的・文化的価値によって階級の正当性を確立しようとする努力をそれほど見せず、その代わりに消費生活や生活様式でより西欧的でラグジュアリーな姿を見せることによって自分の階級の差別化を試みてきた点が問題である。

実際、韓国の上流中産層の文化は、根本的に極めて物質主義的、家族利己主義的、成功至上主義的だといえる。このような態度は、子どもの教育を極めて競争的に追求する彼らの姿に端的に現れる。韓国人がなぜそのような文化的態度をもつようになったのかに関しては、歴史的な説明が必要であろう。明らかに、韓国が経てきた過酷な歴史的経験と、１９６０年代以降の経済発展を最高の価値として全国民を動員した権威主義的開発主義国家の役割と深い関係があると考えられる。１章で確認したように、大部分の韓国国民は中産層をほぼ全面的に所得と消費水準で理解し、道徳的・文化的要素とはほとんど関連がないと認識した。したがって、このような社会に登場した新興上流中産層も、自分たちの優越した階級的位置を確立するために道徳的・文化的価値を樹立しようという努力をほとんどしなかった。それゆえ、現在の韓国の上流中産層は経済的にも社会的にも多くの特権的な機会を享受する階層ではあるが、道徳的・イデオロギー的な正当性を確保できなかった階層集団である。韓国の中産層が、経済的だけではなく情緒的にも文化的にも一つの統一された社会階層になれないのはそのためである。

あとがき

本書の原著、*Privilege and Anxiety: The Korean Middle Class in the Global Era* は英語圏の読者のために書かれたものである。韓国への関心が高く、韓国社会に対するより深い理解を望む外国人の学生と研究者を主な読者として想定した。学問的には、現代社会の階級的不平等、その中でも特に中間階層問題を研究する西欧の社会学者との対話を目標とした。だが、この本を韓国の読者のために翻訳することとなり、私の心の中にはみずから確認すべきいくつかの疑問が浮かんできた。この疑問は、私が韓国で暮らしていないにもかかわらず、この社会の現実を分析して批判する立場にあると自覚した結果である。この「あとがき」はその疑問に対する私自身の答えといえる。この「あとがき」を日本語翻訳版にも載せる理由は、これを通じて読者が、本書の著者がいかに考え、いかに悩んだのか、うかがい知ることができると考えたからである。事実、この問題は多くの研究者が自分の属していない社会について一人の異邦人として観察して文章を書く際にしばしばぶつかる方法論的、もしくは倫理的な問題でもある。さまざまな問題の中で、ここでは三つだけ取り上げようと思う。

第一に、果たして私は韓国社会の現実を正確に捉え、歪曲せずに記述しているだろうか。私は人生のほとんどを米国で米国の学生を教えて暮らしてきた。もちろんしばしば韓国を訪問し、韓国の大学で二、三度、交換教授としての生活も送った。また、これまで書いてきた論文と本も主に韓国に関するものであった。だが、やはり私が一種の異邦人として韓国を見つめて韓国の問題を分析したのは事実である。もちろん、〈異邦人の社会学〉にはデメリットよりメリットが多いかもしれない。しかし、韓国のようにすべてが速く変化する社会において、私が収集してきた資料の一部は時宜を逸して少し陳腐に見える面もあるようだ。もっと斬新で、興味深い事例を用いればよかったという心残りがある。だが私は、自分が韓国で起きる変化の大きな流れと社会学的な意味を取り違えたとは考えていない。異邦人の社会学が、すっかり習慣となっていたり当然だと考えられていたりすることを当然視せずに新たに問う態度ならば、少なくとも私はそのような努力をしてきたといえる。本書で私が意図したのは、他人がよく知らない新たな情報や知識を提供することではなかった。このような面で足りない部分は、後続の研究者が容易にカバーしてくれると信じている。

第二に、私の階級的な偏見は何だろうか。本書が韓国語で出版される直前に、ある大学のゼミで私の本について発表する機会があった。発表を終えて多くの教員たちと会食をしたとき、誰かが私の発表を興味深く聞いたと言いつつ、韓国の富裕中産層に関する指摘がまさに〈私たちの物語〉のように聞こえてぎくりとしたと言った。他の教員たちもうなずいた。十分に理解できる。実際、富裕中産層が消費領域や子どもの教育で見せる物質主義的で家族利己主義的な態度は、私が本書を韓国語版に改訂する際にいっそう強く浮かび上がらせた面がある。本書で私は、現在の韓国中産層の問題が単純に経済的に転落する下層中産層だけでなく、特権的な機会を享受する上流層が選択した階級的行為と関連すると主張したが、まさにその地点で私は私自身の階級的位置についてもう一度考えてみざるをえない。事実、私もその教員が言った〈私たち〉に属する人間ではないか。経済的、あるいは社会的にみれば成功した集団に属する人間であり、一般中産層よりはずっと豊かな生活を送っている。なおかつ韓国に勤めて暮らす者でもなく、ハワイと韓国を行き来して暮らす一種の星回りのいい人間である。そのような私に、韓国の富裕エリートを批判する資格があるのだろうか。さしずめ私も韓国に暮らしていたら、他の人びとと同じように地位をめぐる競争にもっと神経を遣い、私教育に熱を上げ、ともすれば不動産投資でもしながら暮らしていたのではないか。私が韓国に来て会う親しい知人たちは、たいていそちら側に属する人間である。このような私に彼らを批判する権利があるのか。

これに対する私の弁明はこうである。私の意図は彼らを批判しようとすることではなく、彼らをそのように行動させる経済的な構造と社会的・文化的な環境に問題提起することにある。構造的な環境がある形態（たとえば公教育を支配する私教育市場）に定まれば、個人はその内側で他者よりもっとよい地位を占めようと競争に没頭するのは当然である。構造を変えるのは難しいことである。だが集団的な努力があれば、ある程度変えることもできるだろう。そうするためには、現在の構造が間違っていることに気づく集合意識（collective consciousness）がもう少し明確に形成されなければならない。私の批判的分析がこのような意識を高揚させるのに少しでも役に立つならば、私は満足である。

第三に、ならば何をしなければならないのか。この問題に関して、私に満足な答えができるとは思えない。他の多くの学術研究と同じように、私の研究も現象の正確な分析を目標とするにとどまり、現実の問題に対する解決策やオルタナティブを提示しようとはしなかった。しかし私の研究は、韓国の中産層をより安定的で健全な方向へと発展させるために必要な努力が何かを考えさせる、いくつかの手がかりを提供している。二つだけ指摘してみよう。一つは現在よく議論される、中産層の危機と没落をいかに防いで、中産層を過去の水準に回復させるのかという問題である。朴槿恵政権が提示した〈中産層を70％に回復〉が代表的なケースだった。この問題に対してよく提示される解決策は、中産層から転落する労働者の賃金水準を回復させなければならず、そのためには経済発展が急務であるという考えである。もちろんそれも重要だが、私が本書で強調するのは、経済的不平等が拡大する限り中産層の不安定性は解消されないという事実である。１９８０年代末、国民所得が年５０００ドル未満だったころに75％だった中産層の比重が、２０１０年代末に国民所得が3万ドルになっても48％に下がった理由は何か。そして、現在の所得水準でみれば十分に中産層と分類される人びとの半数ほどが、自身は中産層ではないと回答する理由は何か。問題は不平等である。この問題が経済成長だけで解決できるだろうか。そうではないはずである。

もう少し根本的に、韓国上流層の階層文化に対する熟考が必要であると考えられる。先に指摘したとおり、韓国の上流層文化は総じて物質主義的で、家族利己主義的であり、成功至上主義的である。このような傾向は上流中産層だけでなく、むしろ財閥集団に象徴される上流階級でもっと強く現れるとみられる。この二つの階級集団は両方とも他の階層より特権的な機会を多く享受しているけれども、それをもっと確保するために利己的で機会主義的に行動する姿をしばしば見せることによって、社会から階級的な正当性を認められずにいる。それゆえ、彼らは社会統合的な役割をするよりは社会の分裂と相対的剝奪感を増大させる役割を果たすことが多いと考えられる。このような支配層の文化がいかに生まれたのかを理解しようとするならば、韓国の近世の歴史から近年の政治・経済発展史までを通時的に検討しなければならないが、それは本書の範囲を超える。ただ私が強調したいのは、この問題に対する社会的な議論と自覚がもっと活発になる必要性である。そのためには特権的な位置にいる人びと自身が、自分たちの極めて物質主義的で家族利己主義的な行動が社会を激しい競争でだんだんと疲弊させ、結果的に自分の子どもたちの生き方をいっそう不安なものにしている事実を自覚しなければならない。上流中産層の文化が、自分の家族だけでなく公共の利益を重視して、分かち合いの文化を強調しながら、成功の基準を〈名門大学から華やかな職場へ〉の一直線な序列ではなく、多様な価値観へと置き換え、労働の真の価値を尊重する方向へと変わるならば、たとえ経済的な不平等が拡大したとしても社会はそれほど競争的にならず疲弊もせず、社会全体に蔓延する不安も少しは収まるのではないかと考えられる。それは、けっしてたやすく訪れることがない変化である。だが、社会的な努力は必要である。そのような努力のために、志ある知識人と市民の役割は重要だと思われる。

ハーゲン・クー

訳者あとがき

本書は韓国の中間階層内部の分極化に焦点を当て、グローバル時代に韓国社会が経験している変化を分析した著作である。１９９０年代末以降、韓国経済がグローバル資本主義体制に深く組み入れられていくなかで、経済的な分極化が比較的同質的であった中産層を大部分の一般中産層と少数の富裕層に分かち、この階級構造の変化によって新たな階級関係がもたらされた。消費による身分競争、居住地の階層的分離、極めて激しい教育競争という三つの分野に現れる階級の差別化現象を分析した本書は、新たに現れた上流中産層が現在の韓国社会において階級のダイナミクスを主導していることを明らかにした。

タイトルにある「特権」は、中産層の経済的な分極化が社会的・文化的な分極化へと発展していく過程のキーワードといえる。上流中産層が特権的な機会を享受するのは経済的な分野だけではない。本書で詳細に記述されるように、彼らは生活全般にわたるさまざまな分野で特権的な機会を享受しており、これが中産層の経済的な分極化を社会的・文化的な分極化へと発展させてきたのである。また、本書が分析した階級関係の変化が韓国の人びとに与えるのが、もう一つのキーワードである「不安」である。本書は一般中産層が直面する雇用、所得、物価上昇、子どもの教育や未来に対する不安だけでなく、さまざまな面で一般中産層よりも特権的な機会を享受している特権中産層の不安にも目を向ける。そして、韓国社会において多くの人びとが経験している不安の根本的な要因を、深刻さを増しながら進行していく階級・階層間の不平等に見出すのである。

本書の原著は、Koo, Hagen, *Privilege and Anxiety: The Korean Middle Class in the Global Era* (Ithaca, NY: Cornell University Press, 2022) である。日本語への翻訳は、2022年11月に創批から出版された韓国語版(具海根『特権中産層――韓国中間階層の分裂と不安』/구해근『특권중산층――한국 중간계층의 분열과 불안』)を底本とし、適宜原著を参照しつつ作業を進めた。翻訳にあたっては、日本の読者を想定した著者自身の意向により、韓国語版から削除した箇所がいくつかある(序論、1章、2章、3章、4章、6章の一部)。「あとがき」で著者が言及するように、本書は英語圏の学生や研究者に向けて書かれたが、その後韓国の読者に向けて大幅に加筆修正された。本書は欧米やアジア諸国との比較を通じて韓国社会を分析した著作であるが、複数の言語を行き来するなかで、本書の比較の観点がいっそう研ぎ澄まされていったように思われる。なお中国語への翻訳も進んでおり、中国の社会科学文献出版社/Social Sciences Academic Pressから2024年に刊行予定とのことである。

著者、ハーゲン・クー(Hagen Koo/具海根)はソウル大学社会学科を卒業後、中央日報社会部の記者を経て、カナダ・ブリティッシュコロンビア大学で修士課程を修了し、米国・ノースウェスタン大学で社会学の修士学位と博士学位を取得した。2017年に定年退職するまでの長きにわたり米国・ハワイ大学の教授として教壇に立つ一方、韓国とヨーロッパの多くの大学で招聘教授を歴任してきた。現在はハワイ大学社会学科名誉教授として研究活動を継続している。

代表的な著書として、2002年に米国社会学会が「アジア部門最優秀著書」に選定した *Korean Workers: The Culture and Politics of Class Formation* (Ithaca, NY: Cornell University Press, 2001) がある。こ

の本は韓国語を皮切りに、中国語、日本語、タイ語で翻訳出版された。日本では2004年に御茶の水書房から『韓国の労働者――階級形成における文化と政治』(滝沢秀樹・高龍秀訳)というタイトルで刊行された。この最終章を読むと、アジア通貨危機とグローバル化の進展、労働者階級の内部分化、利己的になり政治への関心を失っていく労働者の姿が描かれており、本書のテーマとの連続性がうかがえる。このように、労働者階級からアッパーミドル層へと論じる対象は変わったが、産業化が進展していく韓国社会のダイナミクスを、階級概念を用いて描こうとする著者の姿勢は一貫している。前著ではE・P・トムスン『イングランド労働者階級の形成』をふまえ、階級を他の階級との関係から捉える視点を通じて韓国労働者階級の形成過程を描き出したが、これは富裕層や一般中産層との関係から特権中産層を分析する本書にも通じる。

本書で用いられる概念について、訳者の立場からいくつか説明しておきたい。本書には「中産層」、「中間階級」、「中間階層」等、ミドルクラスを表すさまざまな用語が使われている。韓国で「中産層」という用語が使われるようになった経緯については本文に譲るが、著者は「中産層」を韓国特有のローカルタームとして、「中間階級」を普遍的な概念として用いている。英語では「*Chungsancheung* as the Middle Class」のように、「中産層(Chungsancheung)」と「中間階級(middle class)」がつづりのまったく異なる単語で使い分けられているので区別しやすいが、韓国語や日本語といった漢字文化圏の言語で翻訳されると、この使い分けを理解するのが難しくなるようである。

また、本書ではいわゆるアッパーミドル層が富裕中産層、新興富裕層、新上流中産層、特権中産層等、さまざまな概念を用いて論じられている。「〈新上流中産層〉という名は彼らが占有している経済的・社会的位置を基準として規定するものであり、〈特権中産層〉というのは彼らがその位置で享受する特権的な機会を強調し区分して捉えるものである」(74～75ページ)という記述からうかがえるように、著者はアッパーミドル層を何に基準を置いて論じるのか、どのポイントを強調して論じるのかによって、名称を使い分けている。この背景には、はっきりとした境界線によって固定された階級集団ではなく、一つの社会的空間として中産層にアプローチする本書の方法論が存在する。文脈に応じて概念の名称を変えていく著者の記述に戸惑いを覚える読者もいるかもしれないが、本書を通読すれば著者がアッパーミドル層の生きる社会の様相を豊かに、立体的に描くことに成功しているのがわかるだろう。

本書は欧米、特に米国における中間階層の分極化に関する研究や事例をふまえて韓国の中産層を分析し、韓国固有の現象をグローバル資本主義における社会の一つの現れとして記述している。米国では大学の学費が高騰しつづけ、学生ローンによる多額の債務が社会問題となる一方、エリート大学の学生が富裕層出身者に偏っていることはよく知られている。韓国でも本書で描かれているとおり、膨張した私教育市場が中産層の親子を苦しめているが、エリート大学への入学は両親の社会的・経済的地位と深く関連している。ここで浮かび上がるのは、経済格差が教育格差に直結しているという共通の問題であり、さらには封建制、あるいは身分制から人びとを解放するはずだった能力主義(メリトクラシー)が不平等を固定化しているというグローバルな問題である。もちろん、日本でもエリート大学には経済的に恵まれた家庭出身の学生が多く、深刻な教育格差が指摘されている。また、「資産運用立国」の実現や児童手当の所得制限撤廃等、グローバルな都市エリート層、あるいはアッパーミドル層のニーズに適合的な政策が進められている現状をふまえるならば、不平等が固定化されていく傾向は弱まりそうもない。つまり日本もまた、このグローバルな問題に直面しているのである。

確かに壁が存在する。だが、目に見えないこの壁が何なのかがわからない。こうした日本の閉塞感を表す言葉に「親ガチャ」がある。これはネットスラングから生まれ、2021年ごろに若者を中心として使われはじめ流行語となった。さまざまな文脈で使われる言葉ではあるが、経済的な不平等を固定化し、しばしばマイノリティと呼ばれる、ユニークな人びとを排除する能力主義への一つの応答のように思われる。ここで注目したいのは、人びとが直面する問題を個人、あるいは家族の問題に矮小化するような、この言葉の宿命論的な響きである。これに対して本書の批判的分析は、こういった問題の背景にあるグローバルな構造に焦点を当て、望ましくない構造を変えるための社会的な努力の必要性を示唆する。

「あとがき」に記された「労働の真の価値を尊重する」という著者からのヒントは、コロナ禍で注目を集めた、人びとの生命や暮らしを支えるエッセンシャルワーカーの存在を彷彿させる。能力主義が台頭しエリートが主導する社会から、いかなる社会への転換が可能なのか。私たちの想像力が問われている。このように、本書はみずからが生きる社会をグローバルな文脈から捉え、社会のあり方を再考する視点を与えてくれるのである。

ここで個人的なことではあるが、韓国研究という観点からも、階級・階層研究という観点からも、けっして専門家とはいえない訳者が本書を翻訳するに至った経緯を説明しておきたい。私は大学在学中であった2001年から2002年にかけての1年間、SKY大学の一つである高麗大学で韓国語を学んだ。当時は気づいていなかったが、1997年のアジア通貨危機を経て、韓国のグローバル化が急速に進んでいった時期であった。日本の平凡な大学生だった私は、大学の図書館で熱心に勉強をしている学生たちに圧倒された。図書館は席を見つけるのが難しいほど多くの学生で溢れていた。専攻分野の勉強ではなく、TOIEC等の試験準備のために英語を勉強している学生が多かったのが意外だった。本書でも取り上げられた早期留学が増えはじめていたころでもあった。外国人である私には、韓国の子どもや大学生が置かれた状況がまったく理解できなかった。

縁あって高麗大学のサークルに入り、私は同年代の大学生に囲まれて韓国生活を送ることになった。彼らは韓国のトップエリートであったが、つき合ってみればごく普通の大学生で、大学生らしく羽目を外して騒ぐこともあったし、韓国語がほとんどできない私を仲間として温かく迎え入れてくれるような心優しい若者たちであった。こういった人間的な交流を通じて韓国の同世代との友情を育みながらも、私はある考えを払拭できないままであった。それは「日本に生まれてよかった」という考えである。私がもし韓国に生まれていたら、このグローバル化にともなう非常に厳しい競争を生き残ることはできないと思ったからである。韓国の労働市場の不安定さも、就職戦線に臨む友人を通じてうかがい知ることができた。韓国での生活はとても楽しかった。しかし私は帰る国があることに安堵しつつ、逃げるように日本に戻った。帰国してからも「日本に生まれてよかった」という偏狭な考えに囚われつづける自分が耐えがたかった。この考えから私を解放してくれる場所がどこかにあるのではないかと足を運ぶようになったのは、ソウルではなく韓国の地方都市・大邱《テグ》であった。

およそ20年後、欧米やアジア諸国との比較から韓国社会にアプローチすることによって、特権中産層を特権中産層たらしめている経済的な構造と社会的・文化的な環境を批判的に分析し、問題提起する本書に出会った。自分が経験したけれど理解できなかった、グローバル化が急激に進む渦中の韓国社会が、そしてその社会を生きていた人びとのリアリティが、ようやく理解可能なものとして立ち現れてきたように感じた。そして20年前の私のように、他者を自分の想像力の限界に閉じ込めて理解したと思い込むのではなく、比較の観点から構造的に理解し、みずからが生きる社会をも批判的に分析する道を切り拓く力をもつ本書を、どうしても日本語に翻訳したい。それは、社会学者の末席に連なる身として、韓国でフィールドワークをする私の責務のように思えたのである。

本書の翻訳出版にあたって多くの方々からご支援、ご協力をいただいた。ここに記して感謝申し上げる。訳者に本書を紹介してくださった金敬黙先生とは、玄武岩先生を代表者とする共同研究で面識を得た。金敬黙先生と玄武岩先生には直接お目にかかる機会も多く、折に触れてさまざまなアドバイスをいただけたのは訳者にとって非常にありがたかった。また、有田伸先生と金成玟さんには今回の翻訳に関して相談に乗っていただいた。お二人は、門外漢である自分に果たして本書の翻訳ができるのかと、一歩を踏み出せないでいた訳者の背中を押してくださった。社会学の専門用語を中心にチェックしてくれた石岡丈昇さん、原著と照らし合わせながら草稿をチェックしてくれた澤田今日子さん、私の拙い日本語をチェックしてくれた芳賀恵さんには、ご多忙のところ骨の折れる作業を引き受けていただいた。大学院のころからの先輩である石岡さんと、訳者よりもはるかに多くの翻訳経験を積んできた澤田さん、芳賀さんのサポートは、非常に心強かった。岩波書店の島村典行さんは本書の翻訳出版の意義を見出し、終始的確なサポートをしてくださった。本書を今、なぜ日本で翻訳出版しなければならないのか。島村さんから投げかけられた問いは、私の思考の幅を広げてくれたように思う。なお、本書の翻訳出版に際してJSPS科研費JP23K01756の助成を受けた。このように、多くの方々からご助力いただいたにもかかわらず本書に残された誤りについては、訳者である私にすべての責任がある。

最後に、本書の著者であるハーゲン・クー先生へ感謝申し上げたい。本書の韓国語版を読み、初めて社会学に触れた大学生のころの感動がよみがえるようであった。下訳を終えた後、ソウルにクー先生を訪ねた。ご多忙にもかかわらず、訳者のソウル滞在中にたくさんの時間を割いてくださったクー先生は、訳者の的外れな質問や些細な疑問に嫌な顔ひとつせずに答えてくださった。今後のご自身の研究について、本書の「あとがき」でも言及されていた、物質主義的で、家族利己主義的で、成功至上主義的な韓国の上流層文化を通時的に検討し、日本等の他の社会との比較から分析するというアイディアを話してくれた。クー先生の韓国社会に対する真摯な関心に敬服するばかりである。

2023年10月

松井理恵

参考文献

〔韓国語文献〕

강내희「강남의 계급과 문화」『황해문화』42 호, 2004.

강준만『강남, 낯선 대한민국의 자화상』일물과사상사, 2006.

――――『부동산 약탈 국가 : 아파트는 어떻게 피도 눈물도 없는 괴물이 되었는가 ?』인물과사상사, 2020.

구해근『한국 노동계급의 형성』신광영 옮김, 창작과비평사, 2002.

（＝滝沢秀樹・高龍秀訳『韓国の労働者――階級形成における文化と政治』御茶の水書房, 2004 年.）

김낙년「한국의 소득불평등 1963～2010: 근로소득을 중심으로」『경제발전연구』18 권 2 호, 2012.

――――「한국의 부의 불평등, 2000～2013: 상속세 자료에 의한 접근」『경제사학』40 권 3 호, 2016.

――――「한국에서의 부와 상속, 1970～2014」『경제사학』41 권 2 호, 2017.

――――「한국의 소득집중도 : Update, 1933～2016」『한국경제포럼』11 권 1 호, 2018.

김동춘『시험능력주의 : 한국형 능력주의는 어떻게 불평등을 강화하는가』창비, 2022.

김세직「경제성장과 교육의 공정경쟁」『경제논집』53 권 1 호, 2014.

김영미「계층화된 젊음 : 일, 가족형성에서 나타나는 청년기 기회불평등」『사회과학논집』47 권 2 호, 2016.

박배균「머리말 : ‘강남 만들기’ 와 ‘강남 따라 하기’ 를 통해 본 한국의 도시화」박배균・황진태 엮음『강남 만들기, 강남 따라 하기』동녘, 2017.

박배균・장진범「‘강남 만들기’, ‘강남 따라 하기’ 와 한국의 도시 이데올로기」박배균・황진태 엮음『강남 만들기, 강남 따라 하기』동녘, 2017.

박해천『아파트 게임 : 그들이 중산층이 될 수 있었던 이유』휴머니스트, 2013.

손낙구『부동산 계급사회』후마니타스, 2008.

손정목『서울 도시계획 이야기 3』한울, 2003.

송경원「지난 20 년 사교육 추세」민주평등사회를 위한 전국교수연구자협의회, 2008.

신광영『한국 사회 불평등 연구』후마니타스, 2013.

유경준「소득양극화 해소를 위하여」『KDI FOCUS』15 호, 2012.

윤자영・윤정향・최민식・김수현・임재만・김영순・여유진『중산층 형성과 재생산에 관한 연구』한국노동연구원, 2014.

이미숙「생활양식으로서의 웰빙(well-being): 이론과 적용의 뿌리 찾기」『한국생활과학회지』13 권 3 호, 2004.
이영민「서울 강남 지역의 사회적 구성과 정체성의 정치」박배균・황진태 엮음『강남 만들기, 강남 따라 하기』동녘, 2017.
이재열「중산층이 사라진 서민사회의 등장」강원택・김병연・안상훈・이재열・최인철『당신은 중산층입니까』21 세기북스, 2014.
이향아・이동헌「'강남' 이라는 상상의 공동체 : 강남의 심상 규모와 경계 짓기의 논리」박배균・황진태 엮음『강남 만들기, 강남 따라 하기』동녘, 2017.
이형『당신은 중산층인가 : 한국경제의 신화와 실상』삼성출판사, 1980.
장경섭『내일의 종언(終焉)? : 가족자유주의와 사회재생산 위기』집문당, 2018.
장하성『왜 분노해야 하는가 : 분배의 실패가 만든 한국의 불평등』헤이북스, 2015.
전병유・신진욱 엮음『다중 격차, 한국 사회 불평등 구조』페이퍼로드, 2016.
정구현 외『한국의 기업 경영 20 년 : 개방의 파고를 넘어 세계로』삼성경제연구소, 2008.
정이환『한국의 고용체제론』후마니타스, 2013.
조귀동『세습 중산층 사회 : 90 년대생이 경험하는 불평등은 어떻게 다른가』생각의 힘, 2020.
조명래「신상류층의 방주로서의 강남」『황해문화』42 호, 2004.
조장훈『대치동 : 학벌주의와 부동산 신화가 만나는 곳』사계절, 2021.
지주형「강남 개발과 강남적 도시성의 형성 : 반공 권위주의 발전국가의 공간선택성을 중심으로」박배균・황진태 엮음『강남 만들기, 강남 따라 하기』동녘, 2017.
한완상・권태환・홍두승『한국의 중산층 : 전환기의 한국사회 조사자료집 II』한국일보사, 1987.
함인희・이동원・박선웅『중산층의 정체성과 소비문화』집문당, 2001.
현대경제연구원『일반 가계 중산층의 의식 조사에 관한 조사보고서』1999.
———「OECD 기준 중산층과 체감중산층의 괴리 : 중산층의 55% 는 저소득층이라 생각」『현안과과제』13-02 호, 2013.
홍두승『한국의 중산층』서울대학교출판부, 2005.
홍민기「최상위 임금 비중의 장기 추세, 1958～2013」『산업노동연구』21 권 1 호, 2015.
———「2019 년까지의 최상위 소득 비중」『노동리뷰』191 호, 2021.

〔英語文献〕

Abelmann, Nancy, N. Newendorp and S. Lee-Chung, "East Asia's Astronaut and Geese Families: Hong Kong and South Korean Cosmopolitanisms," *Critical*

Asian Studies, vol. 46, no. 2, 2014.
Anderson, Amanda, "Cosmopolitanism, Universalism, and the Divided Legacies of Modernity," in *Cosmopolitics: Thinking and Feeling Beyond the Nation*, edited by Pheng Cheah and Bruce Robbins, Minneapolis: University of Minnesota Press, 1998.
Blumin, Stuart, *The Emergence of the Middle Class: Social Experience in the American City, 1760–1900*, New York: Cambridge University Press, 1989.
Bourdieu, Pierre, *Distinction: A Social Critique of the Judgement of Taste*, translated by Richard Nice, Cambridge, MA: Harvard University Press, 1984.
——— "What Makes a Social Class?: On the Theoretical and Practical Existence of Groups," *Berkeley Journal of Sociology*, vol. 32, 1987.
Calhoun, Craig, "The Class Consciousness of Frequent Travellers: Towards a Critique of Actually Existing Cosmopolitanism," in *Debating Cosmopolitics*, edited by Daniele Archibugi, London: Verso, 2003.
Chadha, Radha and Paul Husband, *The Cult of the Luxury Brand: Inside Asia's Love Affair with Luxury*, London: Nicholas Brealey International, 2006.
Chang, Kyung-Sup, "Modernity through the Family: Familial Foundations of Korean Society," *International Review of Sociology*, vol. 7, no. 1, 1997.
——— *South Korea under Compressed Modernity: Familial Political Economy in Transition*, London/New York: Routledge, 2010.
Chee, Maria W. L., "Migrating for the Children: Taiwanese American Women in Transnational Families," in *Wife or Worker?: Asian Women and Migration*, edited by Nicola Piper and Mina Roces, Lanham, MD: Rowman & Littlefield, 2003.
Cho, Hae-joang, "The Spec Generation Who Cannot Say 'No': Overeducated and Underemployed Youth in Contemporary South Korea," *Positions*, vol. 23, no. 3, 2015.
Cho, Uhn, "The Encroachment of Globalization into Intimate Life: The Flexible Korean Family in 'Economic Crisis'," *Korea Journal*, vol. 45, no. 3, 2005.
Clifford, James, *The Predicament of Culture: Twentieth-Century Ethnography, Literature, and Art*, Cambridge, MA: Harvard University Press, 1988.
Currid-Halkett, Elizabeth, *The Sum of Small Things: A Theory of the Aspirational Class*, Princeton, NJ: Princeton University Press, 2017.
Davidoff, Leonore and Catherine Hall, *Family Fortunes: Men and Women of the English Middle Class, 1780–1850*, London: Hutchinson Education, 1987.
（＝山口みどり・梅垣千尋・長谷川貴彦訳『家族の命運――イングランド中産階

級の男と女 1780～1850』名古屋大学出版会，2019 年.）
De Botton, Alain, *Status Anxiety*, New York: Pantheon Books, 2004.
Douglass, Mike, "Global Householding in Pacific Asia," *International Development Planning Review*, vol. 28, no. 4, 2006.
Fernandes, Leela, *India's New Middle Class: Democratic Politics in an Era of Economic Reform*, Minneapolis: University of Minnesota Press, 2006.
Finch, John and Seung-kyung Kim, "Kirŏgi Families in the US: Transnational Migration and Education," *Journal of Ethnic and Migration Studies*, vol. 38, no. 3, 2012.
Frank, Robert, *Falling Behind: How Rising Inequality Harms the Middle Class*, Berkeley: University of California Press, 2007.
Frykman, Jonas and Orvar Löfgren, *Culture Builders: A Historical Anthropology of Middle-Class Life*, translated by Alan Crozier, New Brunswick, NJ: Rutgers University Press, 1987.
Goodman, David, *Class in Contemporary China*, Cambridge, UK: Polity Press, 2014.
Gordon, Andrew, "The Short Happy Life of the Japanese Middle Class," in *Social Contracts under Stress*, edited by Olivier Zunz, Leonard Schoppa, and Nobuhiro Hiwatari, New York: Russell Sage Foundation, 2002.
Guibernau, Montserrat, "National Identity versus Cosmopolitan Identity," in *Cultural Politics in a Global Age: Uncertainty, Solidarity, and Innovation*, edited by David Held and Henrietta Moore, Oxford, UK: Oneworld Publications, 2008.
Hannerz, Ulf, "Cosmopolitans and Locals in World Culture," *Theory, Culture & Society*, vol. 7, no. 2–3, 1990.
——— "Two Faces of Cosmopolitanism: Culture and Politics," *CIDOB*, vol. 7, 2006.
Hart, Dennis, *From Tradition to Consumption: Construction of a Capitalist Culture in South Korea*, Somerset, NJ: Jimoondang International, 2001.
Harvey, David, *A Brief History of Neoliberalism*, Oxford: Oxford University Press, 2005.
Ishida, Hiroshi and David Slater, eds., *Social Class in Contemporary Japan: Structures, Sorting and Strategies*, New York: Routledge, 2010.
Jarvis, Jonathan, "Lost in Translation: Obstacles to Converting Global Cultural Capital to Local Occupational Success," *Sociological Perspectives*, vol. 63, no. 2, 2020.
Kelly, William, "At the Limits of New Middle-Class Japan: Beyond 'Mainstream Consciousness'," in *Social Contracts under Stress*, edited by Olivier Zunz, Leonard

Schoppa, and Nobuhiro Hiwatari, New York: Russell Sage Foundation, 2002.
Kim, Nak Nyeon and Jongil Kim, "Top Incomes in Korea, 1933–2010: Evidence from Income Tax Statistics," *Hitotsubashi Journal of Economics*, vol. 56, 2015.
Kim, Sangjoon, "Globalisation and Individuals: The Political Economy of South Korea's Educational Expansion," *Journal of Contemporary Asia*, vol. 40, no. 2, 2010.
Koo, Hagen, *Korean Workers: The Culture and Politics of Class Formation*, Ithaca, NY: Cornell University Press, 2001.
（＝滝沢秀樹・高龍秀訳『韓国の労働者——階級形成における文化と政治』御茶の水書房，2004 年.）
———— "The Global Middle Class: How Is It Made, What Does It Represent?" *Globalizations*, vol. 13, no. 4, 2016.
KOSIS (Korean Statistical Information Service), "Data on Household Income Distribution," Seoul: KOSIS, 2017.
Kotz, David, *The Rise and Fall of Neoliberal Capitalism*, Cambridge, MA: Harvard University Press, 2015.
Kwack, Sung Yeung and Young Sun Lee, "The Distribution and Polarization of Income in Korea, 1965–2005: Historical Analysis," *Journal of Economic Development* vol. 32, no. 2, 2007.
Lan, Pei-Chia, *Raising Global Families: Parenting, Immigration, and Class in Taiwan and the US*, Stanford, CA: Stanford University Press, 2018.
Lee, Yean-Ju and Hagen Koo, "'Wild Geese Fathers' and a Globalised Family Strategy for Education in Korea," *International Development Planning Review*, vol. 28, no. 4, 2006.
Lee, Yoonkyung, "Labor after Neoliberalism: The Birth of the Insecure Class in South Korea," *Globalizations*, vol. 12, no. 2, 2015.
Lett, Denise, *In Pursuit of Status: The Making of South Korea's "New" Urban Middle Class*, Cambridge, MA: Harvard East Asian Monographs, 1998.
Li, Cheng, ed., *China's Emerging Middle Class*, Washington, DC: Brookings Institution Press, 2010.
Liechty, Mark, *Suitably Modern: Making Middle-Class Culture in a New Consumer Society*, Princeton, NJ: Princeton University Press, 2002.
López, A. Ricardo and Barbara Weinstein, "We Shall be All: Toward a Transnational History of the Middle Class," in *The Making of the Middle Class: Toward a Transnational History*, edited by A. Ricardo López and Barbara Weinstein, Durham, NC: Duke University Press, 2012.

Markovits, Daniel, *The Meritocracy Trap: How America's Foundational Myth Feeds Inequality, Dismantles the Middle Class, and Devours the Elite*, New York: Penguin Books, 2019.

Milanovic, Branko, *Global Inequality: A New Approach for the Age of Globalization*, Cambridge, MA: Harvard University Press, 2016.

Nussbaum, Martha with Respondents, "Patriotism and Cosmopolitanism," in *For Love of Country: Debating the Limits of Patriotism*, ed. Joshua Choen Boston: Beacon, 1996.

OECD (Organisation for Economic Cooperation and Development), *Strengthening Social Cohesion in Korea*, Paris: OECD, 2015.

——— *Under Pressure: The Squeezed Middle Class*, Paris: OECD Publishing, 2019.

Ong, Aihwa, "Flexible Citizenship among Chinese Cosmopolitans," in *Cosmopolitics: Thinking and Feeling Beyond the Nation*, edited by Pheng Cheah and Bruce Robbins, Minneapolis: University of Minnesota Press, 1998.

Parreñas, Rachel, *Children of Global Migration: Transnational Families and Gendered Woes*, Stanford, CA: Stanford University Press, 2005.

Pe-Pua, R., C. Mitchell, S. Castles, and R. Iredale, "Astronaut Families and Parachute Children: Hong Kong Immigrants in Australia," in *The Last Half-Century of Chinese Overseas*, edited by Elizabeth Shin, Hong Kong: Hong Kong University Press, 1998.

Piketty, Thomas, *Capital in the Twenty-First Century*, translated by Arthur Goldhammer, Cambridge, MA: Harvard University Press, 2014.

(＝山形浩生・守岡桜・森本正史訳『21 世紀の資本』みすず書房，2014 年.)

Reeves, Richard, *Dream Hoarders: How the American Upper Middle Class Is Leaving Everyone Else in the Dust, Why That Is a Problem, and What to Do about It*, Washington, DC: Brookings Institution, 2017.

——— "Stop Pretending You're Not Rich," *New York Times*, 2017.6.10.

Savage, Mike, N. Cunningham, F. Devine, S. Friedman, D. Laurison, L. Mackenzie, A. Miles, H. Snee and P. Wakeling, *Social Class in the 21st Century*, New York: Penguin Books, 2015.

(＝舩山むつみ訳『7 つの階級——英国階級調査報告』東洋経済新報社，2019 年.)

Schor, Juliet, *The Overspent American: Why We Want What We Don't Need*, New York: Basic Books, 1998.

(＝森岡孝二監訳『浪費するアメリカ人——なぜ要らないものまで欲しがるか』，

岩波書店，2000 年.）
Steger, Manfred and Ravi Roy, *Neoliberalism: A Very Short Introduction*, 2nd edition, Oxford: Oxford University Press, 2021.
Stewart, Matthew, “The Birth of the New American Aristocracy,” *The Atlantic*, 2018.6.15.
Stiglitz, Joseph “Inequality: Of the 1%, by the 1%, for the 1%,” *Vanity Fair*, May 2011.
——— *The Price of Inequality: How Today’s Divided Society Endangers Our Future*, New York: W. W. Norton, 2012.
Wacquant, Löic J. D., “Making Class: The Middle Class(es) in Social Theory and Social Structure,” in *Bringing Class Back In*, edited by Scott McNall, Rhonda Levine, and Richard Fantasia, New York: Westview, 1991.
Wallerstein, Immanuel, *The Modern World System* vol. I, New York: Academic Press, 1974.
（＝川北稔訳『近代世界システムⅠ　農業資本主義と「ヨーロッパ世界経済」の成立』名古屋大学出版会，2013 年.）
Waters, Johanna, “Transnational Family Strategies and Education in the Contemporary Chinese Diaspora,” *Global Networks*, vol. 5, no. 4, 2005.
Weenink, Don, “Cosmopolitan and Established Resources of Power in the Education Arena,” *International Sociology*, vol. 22, no. 4, 2007.
Yang, Jonghoe, “Class Culture or Culture Class? Lifestyles and Cultural Tastes of the Korean Middle Class,” in *East Asian Middle Classes in Comparative Perspective*, edited by Hsin-Huang Michael Hsiao, Taipei: Academia Sinica, 1999.
Yang, Myungji, “The Making of the Urban Middle Class in South Korea (1961–1979): Nation-Building, Discipline, and the Birth of the Ideal Nation Subjects,” *Sociological Inquiry*, vol. 82, no. 3, 2012.
——— *From Miracle to Mirage: The Making and Unmaking of the Korean Middle Class, 1960–2015*, Ithaca, NY: Cornell University Press, 2018.
Zunz, Olivier, “Introduction: Social Contracts Under Stress,” in *Social Contracts Under Stress: The Middle Classes of America, Europe, and Japan at the Turn of the Century*, edited by Olivier Zunz, Leonard Schoppa, and Nobuhiro Hiwatari, New York: Russell Sage Foundation, 2002.
Zunz, Olivier, Leonard Schoppa, and Nobuhiro Hiwatari, eds., *Social Contracts Under Stress: The Middle Classes of America, Europe, and Japan at the Turn of the Century*, New York: Russell Sage Foundation, 2002.

注

序論　中産層は消えるのか

(1)　OECD(Organisation for Economic Cooperation and Development), *Under Pressure: The Squeezed Middle Class*, Paris: OECD Publishing, 2019, 16 ページ.

(2)　「'중산층' 이 사라진다 30 년 전 국민 75% "난 중산층"…올해엔 48% 로 뚝」『조선일보』2019 年 1 月 26 日.

(3)　Pierre Bourdieu, *Distinction: A Social Critique of the Judgement of Taste*, trans. Richard Nice, Cambridge, MA: Harvard University Press, 1984.

1 章　韓国における中産層の形成と崩壊

(1)　Kyung-Sup Chang, *South Korea under Compressed Modernity: Familial Political Economy in Transition*, London/New York: Routledge, 2010.

(2)　このように中間階級を経済的に概念化するやり方は，すべての東アジア国家においてよくみられる．日本で中間階層は韓国の中産層と類似した意味の「中産階級」，または「中流階級」という名称で呼ばれる(Hiroshi Ishida and David Slater, eds., *Social Class in Contemporary Japan: Structures, Sorting and Strategies*, New York: Routledge, 2010)．中国もまた中産階層を「中産階層」，あるいは「新中産階層」と呼び，主に経済的な意味で定義した(Cheng Li, ed., *China's Emerging Middle Class*, Washington, DC: Brookings Institution Press, 2010)．

(3)　한완상・권태환・홍두승『한국의 중산층 : 전환기의 한국사회 조사자료집 II』, 한국일보사, 1987, 11 ページ.

(4)　이형『당신은 중산층인가 : 한국경제의 신화와 실상』삼성출판사, 1980, 217 ページ.

(5)　Pierre Bourdieu, "What Makes a Social Class?: On the Theoretical and Practical Existence of Groups," *Berkeley Journal of Sociology*, vol. 32, 1987; Leela Fernandes, *India's New Middle Class: Democratic Politics in an Era of Economic Reform*, Minneapolis: University of Minnesota Press, 2006; Löic J. D. Wacquant, "Making Class: The Middle Class(es) in Social Theory and Social Structure," in *Bringing Class Back In*, ed. Scott McNall, Rhonda Levine and Richard Fantasia, New York: Westview, 1991.

(6)　Myungji Yang, "The Making of the Urban Middle Class in South Korea (1961–1979): Nation-Building, Discipline, and the Birth of the Ideal Nation Subjects,"

Sociological Inquiry, vol. 82, no. 3, 2012, 425 ページ.

(7) David Goodman, *Class in Contemporary China*, Cambridge, UK: Polity Press, 2014, 166 ページ.

(8) Olivier Zunz, Leonard Schoppa, and Nobuhiro Hiwatari, eds., *Social Contracts Under Stress: The Middle Classes of America, Europe, and Japan at the Turn of the Century*, New York: Russell Sage Foundation, 2002 参照.

(9) Olivier Zunz, "Introduction: Social Contracts Under Stress," 同前 2 ページ.

(10) Hagen Koo, *Korean Workers: The Culture and Politics of Class Formation*, Ithaca, NY: Cornell University Press, 2001（＝구해근『한국 노동계급의 형성』신광영 옮김, 창작과비평사, 2002／滝沢秀樹・高龍秀訳『韓国の労働者――階級形成における文化と政治』御茶の水書房，2004 年）.

(11) アンドルー・ゴードン(Andrew Gordon)は，「日本の中間階級を規定する社会的な思考と行動のパターンが(日本と国外の双方で)1950 年代後半から 1970 年代に至る時期までに一つにまとまった」と観察する(Andrew Gordon, "The Short Happy Life of the Japanese Middle Class," in *Social Contracts under Stress*, ed. Olivier Zunz, Leonard Schoppa, and Nobuhiro Hiwatari, New York: Russell Sage Foundation 2002, 124 ページ). ケリー(William Kelly)もまた，「日本が〈90% 中間階級社会〉であるという主張は，このような〈主流(mainstream)〉との同一視の実質的な効果が社会的な階層化についての討論を〈脱階級化(declass)〉し〈大衆化(massify)〉するにもかかわらず，絶え間なく続いてきた」と主張する(William Kelly, "At the Limits of New Middle-Class Japan: Beyond 'Mainstream Consciousness'," Olivier Zunz *et al.*, 前掲書 235 ページ).

(12) 홍두승『한국의 중산층』서울대학교출판부, 2005.

(13) 함인희・이동원・박선웅『중산층의 정체성과 소비문화』집문당, 2001.

(14) 홍두승，前掲書 114 ページ.

(15) Leonore Davidoff and Catherine Hall, *Family Fortunes: Men and Women of the English Middle Class, 1780–1850*, London: Hutchinson Education, 1987, 450 ページ.

(16) Jonas Frykman and Orvar Löfgren, *Culture Builders: A Historical Anthropology of Middle-Class Life*, trans., Alan Crozier, New Brunswick, NJ: Rutgers University Press, 1987, 266 ページ.

(17) Stuart Blumin, *The Emergence of the Middle Class: Social Experience in the American City, 1760–1900*, New York: Cambridge University Press, 1989, 188 ページ.

(18) A. Ricardo López and Barbara Weinstein, "We Shall be All: Toward a Trans-

national History of the Middle Class," in *The Making of the Middle Class: Toward a Transnational History*, ed. A. Ricardo López and Barbara Weinstein, Durham, NC: Duke University Press, 2012.

(19) 「한국인은 낙천가 : 10 명 중 8 명이 "나는 중산층 이상"」『신동아』1996 年 1 月号.

(20) 현대경제연구원「일반 가계 중산층의 의식 조사에 관한 조사보고서」1999.

(21) 「2006 신년기획 중산층을 되살리자」『중앙일보』2006 年 1 月 2 日;「'중산층' 이 사라진다 30 년 전 국민 75% "난 중산층"…올해엔 48% 로 뚝」『조선일보』2019 年 1 月 26 日;「중산층이 몰락한다」『매일경제』2019 年 10 月 28 日参照.

(22) 이재열「중산층이 사라진 서민사회의 등장」강원택・김병연・안상훈・이재열・최인철『당신은 중산층입니까』21 세기북스, 2014.

(23) 현대경제연구원「OECD 기준 중산층과 체감중산층의 괴리 : 중산층의 55% 는 저소득층이라 생각」현안과과제 13-02 호, 2013.

(24) 홍두승, 前掲書 116 ページ.

(25) 「중산층이 몰락한다」『매일경제』2019 年 10 月 28 日.

(26) Radha Chadha and Paul Husband, *The Cult of the Luxury Brand: Inside Asia's Love Affair with Luxury*, London: Nicholas Brealey International, 2006.

2 章　不平等構造の変化

(1) 전병유・신진욱 엮음『다중 격차, 한국 사회 불평등 구조』페이퍼로드 2016; 김낙년「한국의 소득불평등 1963～2010: 근로소득을 중심으로」『경제발전연구』18 권 2 호, 2012; Sung Yeung Kwack and Young Sun Lee, "The Distribution and Polarization of Income in Korea, 1965–2005: Historical Analysis," *Journal of Economic Development*, vol. 32, no. 2, 2007; 유경준「소득양극화 해소를 위하여」『KDI FOCUS』15 호, 2012; 신광영『한국 사회 불평등 연구』후마니타스, 2013.

(2) 전병유・신진욱, 前掲書.

(3) OECD, *Strengthening Social Cohesion in Korea*, Paris: OECD, 2015.

(4) 정이환『한국의 고용체제론』후마니타스, 2013.

(5) Yoonkyung Lee, "Labor after Neoliberalism: The Birth of the Insecure Class in South Korea," *Globalizations*, vol. 12, no. 2, 2015.

(6) 김낙년, 前掲論文および「한국의 부의 불평등, 2000～2013: 상속세 자료에 의한 접근」『경제사학』40 권 3 호, 2016; Nak Nyeon Kim and Jongil Kim, "Top Incomes in Korea, 1933–2010: Evidence from Income Tax Statistics," *Hitotsubashi Journal of Economics*, vol. 56, 2015.

(7) 홍민기「최상위 임금 비중의 장기 추세, 1958～2013」『산업노동연구』21 권 1

호, 2015.

(8) World Top Income Database, 2015.

(9) 정구현 외『한국의 기업 경영 20 년 : 개방의 파고를 넘어 세계로』삼성경제연구소 2008; Nak Nyeon Kim and Jongil Kim, 前掲論文.

(10) Thomas Piketty, *Capital in the Twenty-First Century*, trans., Arthur Goldhammer, Cambridge, MA: Harvard University Press, 2014.

(11) 홍민기, 前掲論文.

(12) David Harvey, *A Brief History of Neoliberalism*, Oxford: Oxford University Press, 2005; David Kotz, *The Rise and Fall of Neoliberal Capitalism*, Cambridge, MA: Harvard University Press, 2015; Manfred Steger and Ravi Roy, *Neoliberalism: A Very Short Introduction*, 2nd edition, Oxford: Oxford University Press, 2021.

(13) 김낙년, 前掲論文 ;「한국의 소득집중도 : Update, 1933～2016」『한국경제포럼』11 권 1 호, 2018.

(14) Joseph Stiglitz, "Inequality: Of the 1%, by the 1%, for the 1%," *Vanity Fair*, May 2011; Joseph Stiglitz, *The Price of Inequality: How Today's Divided Society Endangers Our Future*, New York: W. W. Norton, 2012.

(15) Branko Milanovic, *Global Inequality: A New Approach for the Age of Globalization*, Cambridge, MA: Harvard University Press, 2016.

3 章　特権中産層の登場

(1) Richard Reeves, *Dream Hoarders: How the American Upper Middle Class Is Leaving Everyone Else in the Dust, Why That Is a Problem, and What to Do about It*, Washington, DC: Brookings Institution, 2017, 6 ページ.

(2) Reeves, 同前 12 ページ.

(3) Matthew Stewart, "The Birth of the New American Aristocracy," *The Atlantic*, 2018.6.15.

(4) Daniel Markovits, *The Meritocracy Trap: How America's Foundational Myth Feeds Inequality, Dismantles the Middle Class, and Devours the Elite*, New York: Penguin Books, 2019, xiv ページ.

(5) Elizabeth Currid-Halkett, *The Sum of Small Things: A Theory of the Aspirational Class*, Princeton, NJ: Princeton University Press, 2017, 18 ページ.

(6) Mike Savage, N. Cunningham, F. Devine, S. Friedman, D. Laurison, L. Mackenzie, A. Miles, H. Snee, and P. Wakeling, *Social Class in the 21st Century*, New York: Penguin Books, 2015, 170 ページ.

(7) 조귀동『세습 중산층 사회 : 90 년대생이 경험하는 불평등은 어떻게 다른가』생

각의힘, 2020, 9 ページ.

(8) 손낙구『부동산 계급사회』후마니타스, 2008, 7 ページ.

(9) 박해천『아파트 게임 : 그들이 중산층이 될 수 있었던 이유』휴머니스트, 2013, 19〜20 ページ.

(10) 손낙구, 前掲書 25 ページ.

(11) 경제정의실천시민연합 2017 年 3 月 6 日発表; 강준만『부동산 약탈 국가 : 아파트는 어떻게 피도 눈물도 없는 괴물이 되었는가 ?』인물과사상사, 2020, 162 ページから再引用.

(12) 경제정의실천시민연합 2017 年 3 月 30 日発表;「상위 1% 가 땅값 '50 년 상승분' 의 38% 챙겼다」『경향신문』2017 年 3 月 30 日.

(13) 조귀동, 前掲書 174 ページ.

(14) 박해천, 前掲書 37 ページ.

(15) 손낙구, 前掲書 87 ページ.

(16) 박해천, 前掲書 44 ページ.

(17) Hagen Koo, "The Global Middle Class: How Is It Made, What Does It Represent?" *Globalizations*, vol. 13, no. 4, 2016.

(18) 홍민기「2019 년까지의 최상위 소득 비중」『노동리뷰』191 호, 2021.

4 章 江南スタイル階級の形成

(1) 손정목「서울 도시계획 이야기 3」한울, 2003, 158 ページ; 지주형「강남 개발과 강남적 도시성의 형성 : 반공 권위주의 발전국가의 공간선택성을 중심으로」박배균・황진태 엮음『강남 만들기, 강남 따라 하기』동녘, 2017, 216 ページから再引用.

(2) 경제정의실천시민연합 2017 年 3 月 6 日発表; 강준만『부동산 약탈 국가 : 아파트는 어떻게 피도 눈물도 없는 괴물이 되었는가 ?』인물과사상사, 2020, 162 ページから再引用.

(3) 조장훈『대치동 : 학벌주의와 부동산 신화가 만나는 곳』사계절, 2021, 137 ページ.

(4) 조장훈, 前掲書 134 ページ.

(5) 조명래「신상류층의 방주로서의 강남」『황해문화』42 호, 2004.

(6) 조명래, 前掲論文; 강내희「강남의 계급과 문화」『황해문화』42 호, 2004; 강준만『강남 , 낯선 대한민국의 자화상』인물과사상사, 2006; 박배균・장진범「'강남 만들기' , '강남 따라 하기' 와 한국의 도시 이데올로기」박배균・황진태 엮음, 前掲書; 신광영『한국 사회 불평등 연구』후마니타스, 2013; 손낙구『부동산 계급사회』후마니타스, 2008 参照.

(7)　조명래，前掲論文 33 ページ．
(8)　강내희，前掲論文 72 ページ．
(9)　지주형，前掲論文 182 ページ．
(10)　조명래，前掲論文 29 ページ．
(11)　지주형，前掲論文 187 ページ．
(12)　Myungji Yang, *From Miracle to Mirage: The Making and Unmaking of the Korean Middle Class, 1960–2015*, Ithaca, NY: Cornell University Press, 2018.
(13)　박배균・장진범，前掲論文 9 ページ．
(14)　이영민「서울 강남 지역의 사회적 구성과 정체성의 정치」박배균・황진태 엮음，前掲書 90 ページ．
(15)　이영민，前掲論文；이향아・이동헌「'강남' 이라는 상상의 공동체：강남의 심상 규모와 경계 짓기의 논리」박배균・황진태 엮음，前掲書参照．
(16)　이영민，前掲論文 93 ページ．
(17)　박배균「머리말：'강남 만들기' 와 '강남 따라 하기' 를 통해 본 한국의 도시화」박배균・황진태 엮음，前掲書 7～8 ページ．

5 章　ブランド品，ウェルビーイング，階級の差別化

(1)　Radha Chadha and Paul Husband, *The Cult of the Luxury Brand: Inside Asia's Love Affair with Luxury*, London: Nicholas Brealey International, 2006, 2–3 ページ．
(2)　Dennis Hart, *From Tradition to Consumption: Construction of a Capitalist Culture in South Korea*, Somerset, NJ: Jimoondang International, 2001; Denise Lett, *In Pursuit of Status: The Making of South Korea's "New" Urban Middle Class*, Cambridge, MA: Harvard East Asian Monographs, 1998; Jonghoe Yang, "Class Culture or Culture Class? Lifestyles and Cultural Tastes of the Korean Middle Class," in *East Asian Middle Classes in Comparative Perspective*, ed. Hsin-Huang Michael Hsiao, Taipei: Academia Sinica, 1999.
(3)　Radha Chadha and Paul Husband, 前掲書 268 ページ．
(4)　Radha Chadha and Paul Husband, 前掲書 270 ページ．
(5)　「웰빙 정신의 핵심만 취하자」『브레인미디어』2010 年 12 月 8 日．
(6)　『중앙일보』2004 年 3 月 31 日；이미숙「생활양식으로서의 웰빙(well-being)：이론과 적용의 뿌리 찾기」『한국생활과학회지』13 권 3 호, 2004, 482 ページから再引用．
(7)　English.Chosun.com, 2005.8.8.
(8)　Mark Liechty, *Suitably Modern: Making Middle-Class Culture in a New Con-*

sumer Society, Princeton, NJ: Princeton University Press, 2002, 143 ページ.

(9) "Is Wellness the New Status Symbol?," *Sydney Morning Herald*, 2015.1.22.

(10) "Looking Like Money: How Wellness Became the New Luxury Status Symbol," *Vogue*, 2015.1.15.

(11) "Is Wellness the New Status Symbol?," *Sydney Morning Herald*, 2015.1.22.

(12) Radha Chadha and Paul Husband, 前掲書 263 ページ.

(13) Robert Frank, *Falling Behind: How Rising Inequality Harms the Middle Class*, Berkeley: University of California Press, 2007, 102 ページ.

(14) Juliet Schor, *The Overspent American: Why We Want What We Don't Need*, New York: Basic Books, 1998, 4 ページ.

6章　教育階級闘争

(1) 「'학벌타파' 에 헛심 쓰다 '금수저 세습' 불렀다」『한겨레』2016 年 11 月 3 日.

(2) 김동춘『시험능력주의 : 한국형 능력주의는 어떻게 불평등을 강화하는가』 창비, 2022, 80 ページ.

(3) 김세직「경제성장과 교육의 공정경쟁」『경제논집』53 권 1 호, 2014.

(4) Sangjoon Kim, "Globalisation and Individuals: The Political Economy of South Korea's Educational Expansion," *Journal of Contemporary Asia*, vol. 40, no. 2, 2010.

(5) Hae-joang Cho, "The Spec Generation Who Cannot Say 'No': Overeducated and Underemployed Youth in Contemporary South Korea," *Positions*, vol. 23, no. 3, 2015, 446 ページ.

(6) 「논문에 기여 안 한 자녀이름 올린 교수 7 명」『한겨레』2019 年 5 月 13 日.

(7) 조장훈『대치동 : 학벌주의와 부동산 신화가 만나는 곳』 사계절, 2021, 82 ページ.

(8) 김낙년「한국에서의 부와 상속, 1970～2014」『경제사학』41 권 2 호, 2017.

(9) 김세직, 前掲論文.

(10) 「'서울 출신' 서울대 합격생 3 명 중 1 명 '강남 3 구', 60% 이상이 수도권 출신」『중앙일보』2015 年 9 月 4 日.

(11) 조귀동『세습 중산층 사회 : 90 년대생이 경험하는 불평등은 어떻게 다른가』 생각의힘, 2020, 126 ページ.

(12) 「文정부의 '개천 용' 실종사건… SKY 신입생 55% 가 고소득층」『중앙일보』2020 年 10 月 12 日.

(13) 김영미「계층화된 젊음 : 일, 가족형성에서 나타나는 청년기 기회불평등」『사회과학논집』47 권 2 호, 2016.

7章　グローバル教育戦略

(1)　Nancy Abelmann, N. Newendorp and S. Lee-Chung, “East Asia’s Astronaut and Geese Families: Hong Kong and South Korean Cosmopolitanisms,” *Critical Asian Studies*, vol. 46, no. 2, 2014; Maria W. L. Chee, “Migrating for the Children: Taiwanese American Women in Transnational Families,” in *Wife or Worker?: Asian Women and Migration*, ed. Nicola Piper and Mina Roces, Lanham, MD: Rowman & Littlefield, 2003; Mike Douglass, “Global Householding in Pacific Asia,” *International Development Planning Review*, vol. 28, no. 4, 2006; Pei-Chia Lan, *Raising Global Families: Parenting, Immigration, and Class in Taiwan and the US*, Stanford, CA: Stanford University Press, 2018; Aihwa Ong, “Flexible Citizenship among Chinese Cosmopolitans,” in *Cosmopolitics: Thinking and Feeling Beyond the Nation*, ed. Pheng Cheah and Bruce Robbins, Minneapolis: University of Minnesota Press, 1998; Rachel Parreñas, *Children of Global Migration: Transnational Families and Gendered Woes*, Stanford, CA: Stanford University Press, 2005; R. Pe-Pua *et al.*, “Astronaut Families and Parachute Children: Hong Kong Immigrants in Australia,” in *The Last Half-Century of Chinese Overseas*, ed. Elizabeth Shin, Hong Kong: Hong Kong University Press, 1998; Johanna Waters, “Transnational Family Strategies and Education in the Contemporary Chinese Diaspora,” *Global Networks*, vol. 5, no. 4, 2005.

(2)　“For English Studies, Korean Say Goodbye to Dad,” *New York Times*, 2008.6.8.

(3)　『조선일보』2006年1月16日.

(4)　『동아일보』2006年3月30日.

(5)　*Korea Times*, 2006.1.3.

(6)　Kyung-Sup Chang, “Modernity through the Family: Familial Foundations of Korean Society,” *International Review of Sociology*, vol. 7, no. 1, 1997; 장경섭『내일의 종언(終焉)？：가족자유주의와 사회재생산 위기』집문당, 2018; Uhn Cho, “The Encroachment of Globalization into Intimate Life: The Flexible Korean Family in ‘Economic Crisis’,” *Korea Journal*, vol. 45, no. 3, 2005; John Finch and Seung-kyung Kim, “Kirŏgi Families in the US: Transnational Migration and Education,” *Journal of Ethnic and Migration Studies*, vol. 38, no. 3, 2012; Yean-Ju Lee and Hagen Koo, “‘Wild Geese Fathers’ and a Globalised Family Strategy for Education in Korea,” *International Development Planning Review*, vol. 28, no. 4, 2006.

(7)　John Finch and Seung-Kyung Kim, 前掲論文502ページ.

(8)　Yean-Ju Lee and Hagen Koo, 前掲論文.

(9) Yean-Ju Lee and Hagen Koo, 前掲論文 551 ページ.
(10) Uhn Cho, 前掲論文.
(11) 장경섭, 前掲書参照.
(12) Jonathan Jarvis, “Lost in Translation: Obstacles to Converting Global Cultural Capital to Local Occupational Success,” *Sociological Perspectives*, vol. 63, no. 2, 2020.
(13) Don Weenink, “Cosmopolitan and Established Resources of Power in the Education Arena,” *International Sociology*, vol. 22, no. 4, 2007.
(14) 김동춘『시험능력주의 : 한국형 능력주의는 어떻게 불평등을 강화하는가』창비 2022, 140 ページ.
(15) Ulf Hannerz, “Cosmopolitans and Locals in World Culture,” *Theory, Culture & Society*, vol. 7, no. 2–3, 1990, 239 ページ.
(16) Amanda Anderson, “Cosmopolitanism, Universalism, and the Divided Legacies of Modernity,” in *Cosmopolitics: Thinking and Feeling Beyond the Nation*, ed. Pheng Cheah and Bruce Robbins, Minneapolis: University of Minnesota Press, 1998.
(17) Martha Nussbaum with Respondents, “Patriotism and Cosmopolitanism,” in *For Love of Country: Debating the Limits of Patriotism*, ed. Joshua Cohen, Boston: Beacon, 1996, 4 ページ.
(18) Montserrat Guibernau, “National Identity versus Cosmopolitan Identity,” in *Cultural Politics in a Global Age: Uncertainty, Solidarity, and Innovation*, ed. David Held and Henrietta Moore, Oxford, UK: Oneworld Publications, 2008, 148 ページ.
(19) James Clifford, *The Predicament of Culture: Twentieth-Century Ethnography, Literature, and Art*, Cambridge, MA: Harvard University Press, 1988.
(20) Immanuel Wallerstein, *The Modern World System*, vol. I, New York: Academic Press, 1974.
(21) Ulf Hannerz, “Two Faces of Cosmopolitanism: Culture and Politics,” *CIDOB*, vol. 7, 2006, 16 ページ.
(22) Craig Calhoun, “The Class Consciousness of Frequent Travellers: Towards a Critique of Actually Existing Cosmopolitanism,” in *Debating Cosmopolitics*, ed. Daniele Archibugi, London: Verso, 2003, 443 ページ.
(23) Pei-Chia Lan, 前掲書 53 ページ.

結論　特権と不安

(1)　Richard Reeves, *Dream Hoarders: How the American Upper Middle Class Is Leaving Everyone Else in the Dust, Why That Is a Problem, and What to Do about It*, Washington, DC: Brookings Institution, 2017.

(2)　Alain de Botton, *Status Anxiety*, New York: Pantheon Books, 2004.

ハーゲン・クー(Hagen Koo／具海根)
米国・ハワイ大学社会学科名誉教授．ソウル大学卒業，米国・ノースウェスタン大学で社会学博士号取得．代表的な著書に，*Korean Workers: The Culture and Politics of Class Formation*(Cornell University Press, 2001．2002年米国社会学会アジア部門最優秀著書．邦訳『韓国の労働者――階級形成における文化と政治』御茶の水書房，2004年)．主要論文に，“Strong State and Contentious Society” “Middle Class Politics in the New East Asian Capitalism” “Modernity in South Korea” “From Farm to Factory” “The Global Middle Class”，編著書に，*State and Society in Contemporary Korea*(Cornell University Press, 2018)，*Modern Korean Labor*(The Academy of Korean Studies Press, 2015)など．

松井理恵
跡見学園女子大学観光コミュニティ学部准教授．筑波大学大学院人文社会科学研究科修了．博士(社会学)．韓国の地方都市・大邱をフィールドとし，森崎和江の作品を通じた植民地朝鮮の研究，敵産家屋とコミュニティに関する社会学的研究に従事．主な訳書に，森崎和江『慶州は母の呼び声――植民地朝鮮で成長したある日本人の手記』(韓国語・共訳，2020年)．

特権と不安―グローバル資本主義と韓国の中間階層
ハーゲン・クー

2023年12月5日　第1刷発行

編訳者　松井理恵《まついりえ》

発行者　坂本政謙

発行所　株式会社 岩波書店
〒101-8002 東京都千代田区一ツ橋 2-5-5
電話案内 03-5210-4000
https://www.iwanami.co.jp/

印刷・理想社　カバー・半七印刷　製本・牧製本

ISBN 978-4-00-061620-1　Printed in Japan